中国武术双短兵

刘恩刚 著

北京燕山出版社

图书在版编目（CIP）数据

中国武术双短兵 / 刘恩刚著. -- 北京：北京燕山
出版社, 2023.8

ISBN 978-7-5402-7051-3

Ⅰ.①中… Ⅱ.①刘… Ⅲ.①短器械术(武术)—中国
Ⅳ.①G852.2

中国国家版本馆CIP数据核字（2023）第174095号

中国武术双短兵

——————

著者：刘恩刚
责任编辑：邓京
封面设计：马静静
出版发行：北京燕山出版社有限公司
社址：北京市西城区椿树街道琉璃厂西街20号
邮编：100052
电话传真：86-10-65240430（总编室）
印刷：北京亚吉飞数码科技有限公司
成品尺寸：170mm×240mm
字数：206千字
印张：13
版别：2024年3月第1版
印次：2024年3月第1次印刷
ISBN：978-7-5402-7051-3
定价：90.00元

序

　　传统武术文化中把双手分别持握的相同短器械如双鞭、双锏、双刀、双剑、双钩等统称为双短兵。双短兵是武术十八般兵器中的一类，其中双鞭特点更为突出。古代的鞭被誉为中国四大权贵兵器之一，是古战场破甲重器，擅长使用双鞭的唐朝名将尉迟恭被视为中国传统文化中的门神，其手持双鞭与秦叔宝手持双锏的画像经常被百姓挂于家中入户的大门上，家喻户晓。现代武术双短兵器械是传了古代"鞭"的外观及特点而研发的安全器械，技法上融合了中国多个武术拳种。双短兵技法精华，凝练、总结和创造出科学系统的技术体系，民族文化特色浓厚，长期习练可以达到培根、铸魂、启智、润心的目的，符合现代竞技武术博击赛事的要求，适合面向大众普及和推广。

　　刘恩刚教授把多年潜心研究的武术双短兵内容如历史与发展、技术方法和手段、赛事标准、培训标准、测评标准、徽饰标准、武术思政等进行梳理，并把创新武术双短兵文化内容与新时代中国特色社会主义核心价值观思想紧密结合，以创新武术双短兵运动为载体，更好地弘扬新时代武术精神，做到以文化人、以武育人，诠释了新时代中国特色社会主义核心价值观思想，引领武术双短兵文化创新发展。

　　现代双短兵项目丰富了武术文化内容，习练者有章可循，遵守双短兵各种行为准则，不断了解武术双短兵文化。对武术双短兵项目的推广能够促进国际武术交流，树立民族文化自信。

　　武术进奥运是我们每一个武术人的梦想。武术以何种形式入奥，值得我们系统深入地研究。武术双短兵与奥运会拳击、跆拳道、柔道、空手道、击

1

剑等武道正式比赛项目有明显区别，而且有深厚的民族文化底蕴，值得我们精雕细琢，认真打磨。

相信本书的出版一定能受到广大行家及习武爱好者的欢迎。

中国广播电视社会组织联合会体育宣传委员会秘书长　柴华北

2023年3月

前　言

　　被视为国术的中国武术，是中国传统文化的重要组成部分。武术文化传承有五千多年的历史，源远流长，文化底蕴深厚。

　　2019年，国家体育总局等十四个部委联合印发的《武术产业发展规划（2019—2025年）》指出："以建立完善国家武术重点项目名录，以培植、发展、推广武术搏击项目为突破口，以散打、对练、短兵、竞技武术套路等为重点，支持具有消费引领性的武术项目发展。"为了落实这一任务，近年来作者对短兵项目进行了系统的研究和创新，通过本书把研究成果展示给世人，以供同道借鉴。

　　短兵是武术的重要内容之一，分为单短兵和双短兵。双短兵器械是传承古代硬鞭的外观及特点而设计的，技法上融合了多个传统武术拳种，双短兵技法内容经过实践验证是符合现代搏击要求的实用技法。作者把创新武术双短兵文化内容与新时代中国特色社会主义核心价值观思想紧密结合，以创新武术双短兵运动为载体，更好地弘扬新时代武术精神，做到以文化人、以武育人，诠释了新时代中国特色社会主义核心价值观思想，引领武术双短兵文化创新发展。武术双短兵在丰富武术文化内容的同时，各种行为准则逐渐统一，使更多的人了解武术双短兵文化，参与到武术双短兵项目中来，满足不同武术爱好者的需求。武术双短兵项目的推广能够促进国际武术交流，树立民族文化自信。

　　在武术双短兵项目传承、创新、推广过程中，感谢中国广播电视社会组织联合会体育宣传委员会秘书长柴华北；吉林省第六届武术协会主席徐万东；

1

海南省武协主席刘怀良；吉林省跆拳道协会秘书长袁志强；长春科技学院军事体育部主任孟繁威等领导及武术专家的大力支持。同时感谢少北拳传承人张立君；霍式八极拳第三代传承人程和荣、高德伟；八卦掌第五代传承人齐卫民；陈式太极拳传承人张吉平；吴氏太极拳传承人李红东；少林拳传承人张立志；通臂劈挂传承人冯刚等传统武术拳种传承人的无私付出。还要感谢吉林省延边州劲松武馆馆长马胜龙；吉林省双辽武校校长马跃；吉林省辽源市成龙国术馆馆长刘成龙；吉林省吉林市德吉武道馆馆长张爽；吉林省长春方君武道馆馆长李方君；吉林省长春市勇极武馆馆长王军；吉林省松原市长岭尚武堂武校校长刘斌；长春回旋踢跆拳道馆张勇等单位负责人的全力推广。

最后，感谢孙羽、李安、刘柏麟、于春波、冷海楠、庞奥誉、胡鸿贺、徐宝成、张学政、鲁广亮、周鑫博、李金鹏、蔡金岑、李一飞、蒋盼盼、陈聪、毛楚涵、陈意然、孟凡奇、林陈毅、仲东方、杨凯、刘思岐、张博伟等徒弟在双短兵创新、研发和推广中所做的大量工作。在此，一并表示深深的感谢！

本书如有不当之处，恳请武林同道多提宝贵意见，在此诚挚感谢！

刘恩刚

2023年3月

目　录

第一章　现代武术双短兵概述

第一节　现代武术双短兵简述

现代武术双短兵起源于传统武术十八般兵器中的双鞭。据我国古籍记载，"十八般兵器"是战国时期军事家孙膑、吴起创立的。在中石器时期，一些木棒、石刀、石斧等一类原始的兵器（也是生产工具）被我们祖先制造出来，并用以狩猎和防身。在我国各地新石器时代文化遗址中发现的用石料、兽骨和蚌壳磨成的箭镞等都证明了兵器起源更早。

据《五杂俎》和《坚瓠集》两书所载，"十八般兵器"为弓、弩、枪、刀、剑、矛、盾、斧、钺、戟、黄、铜、挝、殳（棍）、叉、耙头、锦绳套索、白打（拳术）。后人称其为"小十八般"。

汉武帝于元封四年（公元前107）把挑选出的矛、镗、刀、戈、弓、钺、斧、牌、棍、枪、叉、槊、鞭、铜、剑、锤、抓、戟等定为"十八般兵器"。

三国时期，著名兵器家吕虔又根据兵器的特点，把汉武帝设定的"十八般兵器"分为九种短器械和九种长器械。九短：斧、戈、牌、弓、鞭、剑、铜、锤、抓；九长：刀、矛、戟、槊、镗、钺、棍、枪、叉。

现代武术在约四百多种兵器中提炼出最常用的"十八般兵器"，并普遍规定为：刀、枪、剑、戟、斧、钺、钩、叉、镗、棍、槊、棒、鞭、铜、锤、抓、拐子、流星。

"鞭"是"十八般兵器"之一。这里的鞭指的是硬鞭，由铁、铜以及

1

后来的钢等材料制成，是类似竹节状的棒形打击武器，前端有尖，后端有握柄，便于携带，使用起来较灵活，起到破甲的作用，被视为古代战场重器。

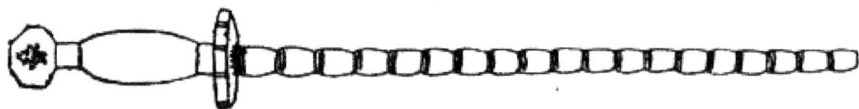

图1-1　古代双鞭

鞭，也是古代四大权贵兵器之首。在民间故事或者戏剧表演中，也有很多暗含了老百姓对四大兵器的塑造，在设计这些武器时，都给它们赋予了"上打昏君，下斩奸臣"的作用，这体现了平民对正义的渴望。因此出现用来维护正义的四大"神器"，即打王鞭、龙头拐杖、三铡刀、尚方宝剑。

唐朝名将尉迟恭擅长使用双鞭。现代民俗中人们经常把尉迟恭手持双鞭与秦叔宝手持双锏的画像作为门神，张贴到入户的大门上，寓意保佑平安。

现代武术双短兵是根据双鞭的文化特点，创新设计出的一项现代搏击运动。现代武术双短兵器械是依据古代双鞭的外观设计制作的，呈棒形。根据不同需要，其材质可采用钢制、木制、海绵为主要材料混合制等。钢制、木制用于防身、健身、表演等；海绵等安全材料混合制的安全双短兵器械具用于健身、表演和搏击竞技实战等。

现代武术双短兵技法在传承传统武术双鞭技法的同时，又综合了传统武术多种双短兵器械的技法内容，凝练出更适用于现代健身、表演和搏击竞技实战的技法内容。尤其用于现代搏击竞技赛场，既验证了我国传统武术技法的实用性，又能在保证人身安全的基础上重现古战场冷兵器格斗的激烈场面，以全新的视角展现给世人。

双短兵运动既是中国传统民族武术文化的一部分，又是现代搏击体育运动中一种崭新的表现形式。双短兵运动可以使用两短兵同时进攻、两短兵同

时防守、一短兵进攻另外一短兵防守等，攻中有防，防中有攻，攻防可以同时进行，比赛更加激烈精彩，练习兴趣更加浓厚，观赏价值更高。

现代双短兵既可以竞技对抗，又可以防身、健身和表演，充分体现了武术能演、能打、能健身防身的本质，具有民族性、安全性、竞技性、健身防身性、趣味性、观赏性、娱乐性等特点，能更好地提高人的身体素质和运动能力，同时对于民族精神、民族自信、学习意识、自控能力、抗挫折能力、勇敢顽强等品质的提升都具有不可替代的作用。

现代双短兵包括单操、对战、兵舞、炫技四大体系，能更好地满足不同武术爱好者的需要。双短兵的套路表演即单操；可以按照一定规则竞技对抗比赛即对战；可以配合音乐舞动双短兵器械即兵舞；可以使用双短兵器械进行高难度技术表演即炫技。

现代双短兵运动是对古代双短兵文化的继承和创新，结合我国传统伦理道德教育的理论精华，总结和凝练出完整独特的武术双短兵文化教育体系。武术双短兵把体育教育与爱国主义教育以及提高个人素质相融合，强调以礼始、以礼终，将思想通过语言和行动充分表现出来，达到培养德、智、体、美、劳全面发展人才的目的。同时武术双短兵项目要求灵活多变、快速敏捷、判断准确，尤其双手分别持握短兵器械进行运动，阴阳平衡、攻防兼备，能够开发智力、树立自信、培养积极向上的进取精神等，达到育人目的。

中华传统文化的发展与创新需要新时代中国特色社会主义核心价值观的引领，新时代中国特色社会主义核心价值观思想通过中华传统文化的发展与创新能够得到更好的弘扬。创新武术双短兵技法文化诠释了新时代中国特色社会主义核心价值观思想，新时代中国特色社会主义核心价值观思想引领武术双短兵文化创新发展。武术双短兵是现代竞技体育项目的又一创新项目，在技术方法和手段、赛事标准、培训标准、测评标准、徽饰标准等方面都体现了新时代中国特色社会主义核心价值观思想内容；新时代中国特色社会主义核心价值观思想融入了武术双短兵文化活动的全过程，思想和行动高度统一，理论与实践紧密结合。

创新武术双短兵文化活动中的各种仪式及行为充分体现了新时代中国特色社会主义核心价值观思想。武术双短兵是具有中国特色的一项运动，神形

兼备。比如：利用安全器械进行对抗比赛，选手之间相互敬礼，体现文明、和谐的价值观思想；在竞赛场上的自由发挥和公平竞争，反映自由、平等的价值观；遵守比赛规则和公正公开的裁判，反映公正、法治；每次训练前后都要向国旗敬礼，育人要爱国、敬业；每次比赛前个人信息公开以及比赛中给对方教练、裁判敬礼等行为，体现出诚信、友善等社会主义核心价值观思想。

在新时代中国特色社会主义核心价值观思想的指导下，能够规范武术双短兵运动的各种技法行为。只有在新时代中国特色社会主义核心价值观思想引领下，武术双短兵文化才更有活力，文化思想才更有高度，研究编排的内容才更加丰富多彩，更有利于武术双短兵文化的推广传播，树立更加强大的文化自信。

第二节　现代武术双短兵的特点

一、民族性

原始社会，人类会使用树枝、木棒等作为工具，不乏使用双器械的存在。随着铜铁等工艺的出现，双短兵器逐步发展，到宋代出现了鞭、锏等短兵器，而且多成对使用。史料记载使用双鞭、双锏的名将很多，如唐初的战将秦琼（字叔宝）善使双锏；南宋岳家军将领牛皋擅长使用双锏。评书中八贤王赵德芳使用凹面金锏，上打昏君，下打谗臣。古代的鞭同锏类似，只是鞭上有竹节棱。历史上的伍子胥，大唐元帅尉迟恭，以及宋朝的呼延家族都善使用鞭。双短兵起源于我国古代社会，流传至今，创新研发出现代武术双短兵项目，这些都是中华优秀传统文化的瑰宝。

二、安全性

现代武术双短兵器械根据其防身、表演和竞技实战等用途分为钢铁制、木制和海绵制三种。钢铁制的双短兵器械杀伤性较强，类似古代鞭或骨朵的形状，长度为30～80厘米，重量在250克以上；木制的双短兵器械采取古代鞭的形状，长度为60～90厘米，重量在150克以上；海绵制的双短兵器械根据古代鞭的棒形打击武器形状及特点制作，既有弹性和韧性，又具有一定的柔软性，长度60～105厘米，重量在185克以上。

竞技实战用的双短兵器械是类似我国古代双鞭的圆柱形状，无棱、无刃、无尖、无刺，由内硬而外软的材料制成（主要材料是海绵）。不同练习者对应采用不同长短、重量、直径的双短兵器械。练习及比赛时使用双短兵的规定部位击打人体规定部位可得分，适当限制用危险攻击技术攻击人体要害部位，防止器械击打造成人体损伤，经过数次的实战检验，做到百分之百安全。

三、竞技性

双短兵项目既能打又能演，充分体现了武术的本质。比赛采用同场对抗的形式，参赛双方性别相同，在年龄、体重等非常接近的情况下使用相同的短兵器械，采用相同比赛规则进行对抗；同时使用电子计分器，减少比赛判罚中人为因素的影响，充分体现公平、公正、公开的体育竞赛规则，更好地展现出更高、更快、更强的体育精神。

四、健身、防身性

（一）健身性

双短兵练习者双手分别持握短兵器械进行攻防，全身器官都参与运动，使身体均衡发展，动作更加协调、敏捷，可以大幅提高速度、力量、耐力、柔韧、灵敏等身体素质，同时对培养练习者的专注力、反应力、创造力以及思维敏捷度等，都起到非常好的效果，从而达到阴阳平衡、知行合一、内外兼修的健身效果。尤其通过双手五指运动及双手腕的屈伸、旋转等动作，更好地调理手三阴和手三阳之经络，改善心、肺、肠等人体器官功能，从而达到滋养脏腑之健身功效。

（二）防身性

双短兵比赛使用的是安全器械，但比赛应用的技法都是源自战场上的技术，攻防技术都有非常强的实用价值，在竞技比赛中体现杀人却活人的理念，点到为止、尊重对方。竞技场上胜负之搏，武者切磋输赢之搏，需使用安全短兵器械；但面对歹徒生死之搏和战场厮杀血肉之搏，我们只需要把短兵换成坚硬材质的器械，利用相同的技法，将起到不同的打击效果。使用硬质双短兵器械防身，能达到很好的防身目的。

五、趣味性

双短兵是对抗搏击类项目，比赛的结果存在很多不确定因素。对抗中要有过硬的心理素质，超强的应变能力，一定的专项身体素质，高超的技术技法以及时间差、距离感、时机把握能力等，任何一个环节都可能改变比赛结果。比赛中相互击打有效部位得分，准确击中得分，否则不得分，激发了参

与者的得分欲望。同时比赛中还可以随心所欲地开发创造一些新的技术，增强参与者的创造力。比赛中技战术应用更加自由，符合现代人的心理特点，充分体现了自由、平等的社会主义核心价值观。

六、观赏、娱乐性

（一）观赏性

双短兵项目双手分别持握短兵器械进行对抗，双短兵可一攻一防，双手同时防守、进攻，攻防节奏更快，比赛更加激烈。由于攻防距离较远，运动范围增大，得分点包括人体上中下，使滚翻、腾空、跪姿等技术得以应用，增加了比赛的看点。同时双短兵项目具有对战、单操、炫技、兵舞等教学、训练、比赛内容，满足了爱好者的不同需求。

（二）娱乐性

武术双短兵更趋向大众化，适合各年龄段的人习练，是老少皆宜的一项运动。可以跟上音乐节拍练习兵舞；可以传承古代的一些双短兵器械的技法并融合现代健身需求创编一些套路，即单操；可以一对一、一对二、一对多、多对多进行对抗练习；可以进行动作优美、漂亮、高难度等的炫技练习，这些都是在紧张愉快的过程中完成的，增加了双短兵项目的娱乐性。

第三节　现代武术双短兵的功能

武术双短兵的功能具体可以分为七个方面，即健身、娱乐、促进个体社会化、社会感情、教育、政治、经济等功能。

一、健身功能

武术双短兵是一项搏击运动，它要求人体本身必须直接参与活动，这一本质特点决定了武术双短兵具有健身功能。

武术双短兵的健身功能具体表现在以下几个方面。

（1）提高中枢神经系统的兴奋性。武术双短兵运动的动作都是受大脑运动中枢支配而完成的，所以通过双短兵运动可以改善和提高中枢神经系统的工作能力，使人思维敏捷、头脑清醒。

（2）促进生长发育，提高运动能力。武术双短兵运动不仅具备武术运动的特点，同时在练习及比赛中由于使用两短兵同时进攻、两短兵同时防守、一短兵进攻另外一短兵同时防守等技术，攻中有防，防中有攻，攻防可以同时进行；在做双短兵攻防动作的同时配以各种步法（如跳步、跨步、滑步、上步等）和身法（如腾空、站立、蹲姿、跪姿等），使比赛更加激烈精彩，练习兴趣更加浓厚，观赏价值更高。灵活多变、快速敏捷的特点，对人体各运动器官的协调发展及力量、速度、耐力、柔韧、灵敏等素质以及心肺功能的增强都起到极大的促进作用。

（3）改善心肺功能。在武术双短兵运动过程中，人体心跳加快，呼吸加速，能使心、肺等器官在构造上发生变化，机能提高。如经常参加双短兵运动能使心脏产生运动性肥大，心肌增强，心壁增厚，心腔容积增大。在机能上，心肌的每搏输出量增加，心搏频率减少，出现"节省化"现象。肺活量增大，呼吸加深。

（4）调节情绪，缓解人的心理压力，使人活跃开朗。武术双短兵运动能使人心情舒畅，精神愉快，调节不健康情绪和心理，兵舞、炫技、单操、对战等双短兵内容，在练习时都要求精神集中，排除杂念，意气力相合，最大限度地使人的情绪得以宣泄，满足人们的精神需求。

武术双短兵是勇敢者的运动，在相互击打中进行攻防转换，当短兵向额头飞来时，要求练习者在心理上具有更大的勇气和承受能力，无论攻击和被攻击都能培养勇敢顽强的心理素质。使赢者树立更大自信，输者提高抗挫折的能力，培养其持之以恒、坚韧不拔、永不言败的精神。

（5）使青少年养成终身体育的习惯。武术双短兵运动能增强人的免疫力，提高对疾病的抵抗能力，提高人体适应现代生活的能力。同时，在严寒、酷暑等条件下活动，还能提高对外界环境的适应能力。

武术双短兵包括竞技、套路、对拆、特技等表现形式。竞技武术双短兵运动不仅可以还原冷兵器时代的战场博杀场面，在攻防转换中还能验证武术技法的实用性，体现武术真正的本质。武术双短兵套路、对拆、特技等表现形式可以满足不同爱好者的需求，提高参与者的训练积极性。

当代社会的青少年多数生活在优越的环境当中，甚至很多生活上的事情都由家长代劳，过着衣来伸手、饭来张口的无忧无虑的生活，在父母的溺爱下，生活中没有目标，缺乏上进心，更没有自信，自控能力较差，养成胆小、懦弱、叛逆的性格，迷恋网络游戏，缺少运动等，通过武术双短兵运动的自身魅力及一些运营方式，吸引一些青少年参与到该项运动当中，把虚拟的网络游戏变为现实版的极具安全性的武术运动形式，改变懒惰、不上进的现状，养成终身体育的习惯。

（6）对于中老年人而言可以预防痴呆、延缓衰老、益寿延年。武术双短兵运动要求灵活多变、快速敏捷，中老年人参与武术双短兵运动，在活跃身心的同时可以保证身心的健康，使之精力旺盛，从而延缓老化过程，促进健康长寿。

二、娱乐功能

武术双短兵运动内容中炫技技术具有一定难度和惊险性，单操的动作造型具有一定的艺术性，兵舞配合音乐更加具有视听配合的协调美，对战内容的紧张、刺激、胜负结果的不确定性和不可预测性，使武术双短兵更具有娱乐价值，从而满足人们不同的精神需要。

武术双短兵的娱乐功能是通过观赏和体验两个途径来实现的。

观赏：现代武术双短兵的炫技运动，技术向难、新、尖、高的方向发展，运动员能够在一定的时间和空间条件下，把身体控制到尽善尽美的程度，使健、力、美高度统一起来。双短兵中的兵舞运动通过配合音乐韵律、鲜明的节奏、完美的配合，展示出抒情诗般的、戏剧性的艺术造型，给人一种美的享受。双短兵中的对抗实战运动，比赛激烈精彩，紧张刺激，扣人心弦，使人目不暇接。双短兵中的单操运动整齐划一，每一个动作都有一个名称，每个名称都是一个中国故事，在观看表演时，使观者浮想联翩，思维跳跃，仿佛身临其境，可以起到移情作用，使观众忘却一切烦恼和不愉快，"净化"观众的感情，使人们由于工作压力所带来的紧张的神经、疲劳的脑力和紊乱的情绪得到积极有益的调节，有助于恢复元气，使精神得到享受。

体验：人们通过参加武术双短兵运动，亲身感受这一运动的乐趣。在身体完成各种复杂动作的过程中，在与对手竞技对抗的过程中，赢得比赛会树立和提升自信心，输了比赛会培养抗挫折的能力和坚强的意志品质，使参与者的自尊心、自信心、自豪感得到提升的同时克服抑郁情绪，积极与人沟通，培养协调、合作、沟通的能力。由于武术双短兵运动不同项目具有不同特点，使人在实践中获得各种不同的愉快情绪。如对战可以使人机智灵活，获得自信，更能培养胜不骄、败不馁的性格，提高抗挫折的能力；兵舞能使人有条不紊，培养韵律，动作协调；单操可以使人豁达合群，精神贯注，善始善终；炫技则高雅优美，使人赏心悦目。

三、促进个体社会化功能

武术双短兵运动在人的社会化过程中起到一定的促进作用。

（1）提升基本生活技能。武术双短兵运动由于是双手分别持握相同器械进行运动，提高了双手操控器械的协调能力，使人左右协调，阴阳平衡，使人体器官均衡发展，把这些能力用于日常的基本生活中，可以助力基本生活技能的提升。武术双短兵运动是人们获得基本活动技能的途径之一。

（2）使人遵守社会行为规范，处理好人际关系。武术双短兵运动本身是一个有规则、有方法的社会活动，比赛或训练是在裁判员或教练员的直接教育、监督下有组织地进行的，这对使练习者遵守社会生活准则有强化作用。

武术双短兵运动的场所是一个社会互动的场所。在武术双短兵活动中，特别是竞赛中，人们聚集在一起，观赏者之间互相交流，比赛者个人之间、团体之间频繁接触、相互切磋、激烈竞争等，考验双方犯规时是否毫不计较，是否"以牙还牙"；裁判误判时，是大方宽容还是斤斤计较；集体配合不够默契而导致比赛失利时，是相互鼓励还是相互抱怨等，所有这些都是自我教育或接受教育的良好手段，可以使练习者在社会生活中学会处理人际关系，养成遵守社会规范的良好习惯。

（3）传承中华传统民族文化，普及科学运动知识。武术双短兵运动是中国传统民族文化的瑰宝，在运动中使参与者深刻了解传统双短兵器文化，同时体会传统武术双短兵文化内涵，树立文化自信；通过武术双短兵活动，使参与者掌握技能的同时学习科学的运动方法和知识，培养他们享受人类所创造的文化财富的能力。

四、社会感情功能

武术双短兵运动的对战内容，对抗性非常激烈，在瞬息万变的比赛中，结果不可预知，比赛结束时比赛结果的即时性能引起极大的社会关

注，激发人们心理上对知晓悬念结果的渴望，人们通常对一些不可能预知的内容寄予更大的期望。双短兵对战运动竞赛常常存在"反败为胜，力挽狂澜""千钧一发""一泻千里"等震撼人心的场面，短时间内满足人们的期望，这种场面使人感到紧张、痛快、敬佩、自豪，起到调整失去平衡的心理的作用。

五、教育功能

当代青少年儿童当中"小胖墩""小眼镜"越来越多，一些儿童体质较差。双短兵不仅可以增强体质，还可以振奋民族精神；增强民族文化自信；强化学习意识、提高专注能力；提升自控能力和抗挫折能力；培养勇敢顽强、胆大心细的尚武精神；提高反应速度；提高综合分析能力；改善思维方式；提高想象力，创造更大的自我发挥的空间。

（1）培养民族精神。学习跆拳道、空手道等外国项目，外国文化将对本民族的文化产生一定的影响。学习双短兵则不同，双短兵是对我国优秀传统民族文化的传承和创新，中华传统武术与中华民族文化密不可分。武术精神更是武术文化的重要部分，蕴含着中华民族仁义、勇敢、坚忍的精神和自强不息的民族气节。在双短兵教学中，要坚持"崇文尚武、知行合一"，让学生在习武的同时强健体魄与磨练意志，锻炼学生的吃苦精神，外练筋、骨、皮，内练精、气、神。要求"站如松、坐如钟、行如风、卧如弓"，使学生精神面貌焕然一新。在习武过程中，让学生明白练武要有尚武精神，并用这种精神去指导人生，教会学生吃苦不怕苦，培养不畏艰险、克服困难的坚韧品质。

（2）增强民族文化自信。科学地将"文武双修"理念贯穿于双短兵课中，通过双短兵这个载体让学生懂得做人做事的道理，体会自身与社会的相处之道、和谐之道。双短兵课上，以礼始、以礼终，向国旗敬礼，用"精忠报国""厚德载物""自强不息""尊老爱幼"等思想引导学生爱国、立志、求真、力行，培养学生成为能够担当民族复兴大任的新时代青少年。师生相互

敬武术双短兵礼，在尊师重道的同时更好地传承中华民族文化。把孝、悌、忠、信、礼、义、廉、耻等传统美德融于双短兵，让学生切身感受中华优秀传统文化，领略传统武术的无限魅力，增强民族文化自信。

（3）强化学习意识、提高专注能力。在双短兵对抗中，集中全部精力专注比赛，稍不注意，就会给对方可乘之机，输掉比赛。即使全力以赴，比赛也未必胜出。这就要求上场之前做好迎战准备，加大训练和学习强度，让学生懂得自己不强大就会被动挨打的道理。要强大就得不断地学习进步，强化学习意识。

（4）提升自控力和抗挫折能力。在战争中，手中持握的武器就是自己的底气。控制和使用好手中武器，才能发挥自己巨大的威力。双短兵项目更是如此，只有控制好手中的双短兵器，才能获得参赛资格，才可能取得比赛胜利。通过控制双短兵，影响为人处世的态度，长期练习，提升自我控制能力。现在的多数青少年都生活在夸奖、鼓励、掌声环境中，很少遇到挫折。很多孩子赢了比赛就高兴，接受不了输的结果。这种现状需要对其进行抗挫折教育，使其懂得失败乃成功之母的道理，通过失败才能发现不足，培养胜不骄、败不馁的良好品格。

（5）培养勇敢顽强、胆大心细、专注认真的尚武精神。针对部分青少年胆小怯懦、没有自信的性格，练习武术双短兵可以培养勇敢顽强、胆大心细的尚武精神。尤其当双短兵器向自己头上飞来时，人的本能是闭眼缩头，但经过双短兵的长时间专项训练，不仅可以做出防守格挡躲闪动作，同时眼睛都可以不眨一下地盯着对方。通过双短兵武技的提高，培养了练习者勇敢顽强、胆大心细、专注认真的尚武精神。

（6）提高反应速度。由于双手分别持握短兵参与攻防运动，节奏较快，攻防动作频率较高，在对练中稍不注意或反应速度稍慢一点就会被击中，丢掉比分。要求练习者在反复的动作练习中提升高度集中的注意力和快速敏捷的反应能力，最大限度缩短反射弧。

（7）提高综合分析能力。在复杂的攻防转换中，各种技战术都是难以预测的，通过反复的训练及多次的比赛，使参与者面对各种情况采取不同的应对措施，从而提高综合分析及应变的能力。

（8）改善思维方式。武术双短兵运动使人的左右脑锻炼更加全面和协

调。在复杂的运动中形成阴阳思维模式（即正向思维和逆向思维共存的模式），掌握多层次、多方面、多角度的思维方法；改善钻牛角尖、考虑问题极端、思维简单等思维定式，极大地提高练习者的智力水平。

（9）提高想象力，创造更大的自我发挥的空间。武术双短兵是一项搏击运动，在对抗中有很多不确定因素，在你来我往、瞬息万变的情况下，能充分激发人体潜能，创造更多新技术，只要符合比赛规则，所有实效性强的动作都有可能被开发出来，这一特点更符合现代人无拘无束的开放思想，也会使武术双短兵技术得以发展。

六、政治功能

武术双短兵的政治功能是客观存在的，表现在以下几个方面。

（一）为国争光，提高民族威望，振奋民族精神，弘扬中华民族传统文化

1.双短兵是我国古代双短兵器搏杀技法的延续

现代武术双短兵技术主要包括劈、砍、刺、扫、撩、架、挡、拦截、躲闪等，这些技法是在古代双短兵器实战技法的基础上创编出来的，适应现代社会人们健身、防身、益智健脑的需要，符合人体解剖学、人体生理学、人体运动力学的原理。这些攻防技法源于我国冷兵器时代使用武术短器械的先辈们的经验，无疑是对传统武术文化的传承。

2.具有中国特色的现代武术双短兵器械及服装

现代武术双短兵器械的研制更能体现杀人却活人、点到为止的民族气节。中华武术博大精深，一个"武"字能警示人们"止""戈"，可见中华民族具有博大的胸怀。双短兵器械是内硬而有弹性，中层包裹柔软材料，外部包裹皮革制成，尤其器械顶端及尾端采取特殊安全设计，无论使用任何技术，都不会对人体造成伤害。

在双短兵比赛及训练中必须穿以中国国色（即红色）为主色调，款式简洁，具有鲜明民族特色的服装。

武术双短兵运动的礼仪、技法、服装、器械等都具有独具特色的中华民族武术文化气息，是中华武术大家庭中一道亮丽的风景线。

（二）为外交服务

通过武术双短兵运动的推广，世界各国都有爱好者习练此项目，爱好者之间的相互交流可以促进各国人民之间的了解，加强国与国之间的文化互信，因此，武术双短兵是一种文化交流工具，更是树立民族文化自信的良好手段。各国双短兵运动员们经常被称颂为"穿运动服的外交家"，在协调各国之间的关系、打开外交通道方面起到积极有益的作用。

（三）促进国内政治一体化

武术双短兵是促进国内政治一体化的有效手段。由于武术双短兵运动有群众性，它能提供群众性集会的机会，使人们在这些活动中加强人际交往，满足人们交往的需要。例如，各种群众性的竞赛活动、培训活动等可以改变人们的观念，加深家庭和邻里之间的感情，密切单位与单位之间的联系，在锻炼身体的过程中，人们互相关心、互相切磋技艺方法，成了共同锻炼身体的老朋友。可见，武术双短兵运动能够使人与人之间和谐团结。

七、经济功能

武术双短兵运动具有经济功能，在商品经济社会，作为第三产业，它以劳务的形式向社会提供服务。但是，不能把武术双短兵看成是一种纯消费的事业，它也可以产生很高的经济效益。主要有以下途径。

（1）在大型比赛中获取收入的措施。

①出售武术双短兵比赛的电视转播权。

②纪念币的发行。

③体育彩票的出售。

④各种活动的门票收入。

⑤各种活动的广告费和冠名费等。

（2）在日常武术双短兵活动中增加收入的措施。

①专业场馆利用率的提高。

②组织培训、测评、交流等活动。

③对专业武术双短兵用品如短兵器材、护具、服装、鞋、教材、课件、视频等的售卖。

④武术双短兵特色文化的加盟，组织研学等。

⑤产生许多新机构。在科技飞速发展的当代社会，人们面对许多新问题、新机遇、新挑战，派生出更多新兴组织机构。武术双短兵运动项目需要器械及服装的生产厂家和运营机构，以及技术培训机构、项目推广机构、活动组织管理机构等。

（3）带动更多新兴行业的发展。高度的信息化和机械化代替了大量的体力工作，巨大的工作压力使更多的人远离体育运动，一些简单、枯燥、大众化的体育项目远远满足不了现代人的需求，人们对运动的趣味性、健身性、时尚性、实用性充满期待，武术双短兵运动兼具这些特点，需要更多的人去研习、传播、推广，从事专职教练员工作；同时在为武术双短兵运动服务的各种新兴机构当中需要更多的专职工作人员，从而缓解社会就业压力。

（4）为教育机构增添新的教学内容。武术双短兵运动项目在育人上可以培养青少年的尚武精神，达到"文能提笔安天下，武能上马定乾坤"，树立为民族兴盛而奋斗的大无畏思想。

武术双短兵功能的实现是有条件的，不是自然而然就可以实现的。如健身功能并不是参加武术双短兵运动的必然结果，违背科学规律和原则的盲目的锻炼和训练，不仅对健康无益，而且有害。也就是说，只有讲究科学性，才能保证健身功能的实现。再如武术双短兵运动的社会感情功能和教育功能也不是自然而然可以实现的，武术双短兵运动提供了进行教育的有益内容和

有利时机，但是如果武术双短兵运动的具体组织者、领导者、举办者不注重对运动员和观众进行这方面的教育，也会产生适得其反的结果。只有武术双短兵工作的组织领导者和具体实施者有意识地去宣传、去灌输、去引导，才能更好地发挥武术双短兵的功能。

第二章　同类项目和创新武术双短兵

第一节　同类项目

国外与武术双短兵相近的项目有击剑、菲律宾双短棍术、日本剑道等。

一、击剑

击剑起源于欧洲，是从古代剑术决斗中发展起来的一项体育项目。现代击剑运动是奥运会传统项目，从1896年第1届雅典奥运会起就成为正式比赛项目。在1974年第7届德黑兰亚运会上，击剑成为正式比赛项目。

击剑是两个人之间的对抗比赛。比赛中一方用剑尖刺击对手，使剑尖准确无误地刺在有效部位并具有刺入的性质。比赛使用无线频率探测器计算有效点击数。规定时间内先击中对方达有效次数，或时间到后击中对方次数多者获胜。

击剑比赛分为花剑、佩剑、重剑，其有效部位各不相同。花剑是完全的刺击项目，只有剑尖刺中才有效，剑身横击无效，有效击中部位是除去四肢和面罩的身体躯干部分。佩剑是既劈又刺的项目，以劈中得分为多，有效击中部位是躯干、面罩及手臂。重剑也是完全的刺击项目，只有剑尖击中有

效，剑身横击无效，但有效击中部位包括全身，即躯干、四肢，以及面罩。

击剑比赛分设男子、女子个人赛和团体赛。个人赛采用小组循环制和直接淘汰制。团体赛每队4名队员，3人参加团体对抗，直接采用单败淘汰赛制。

二、菲律宾双短棍术

菲律宾双短棍就构造上而言只是一对藤质短棍，取材于当地一种藤树的树枝，经过对其外表进行一系列的打磨之后，再使用类似电焊的喷枪及加工机器对其内部进行烤火，使其拥有坚硬不摧的强度，以便在对战时保护持棍的打击者之安全，对被打击者造成极大程度的打击杀伤力。菲律宾双短棍没有武术双短兵的器械安全，长度和重量没有明确要求，更重要的是没有上升到体育竞技的层面，用于竞技对抗，不穿护具极易对对方造成严重伤害。

三、日本剑道

剑道是在日本刀的基础上形成的现代搏击项目，它在重视技法精练的同时，更讲求气的配合，身心修养并重，在传统礼仪和法则方面也得到重视和传承。木剑和竹剑是剑道的两种主要用具。一般木剑多用枇杷木制造，多用于基本动作的练习。木剑分为长木剑和短木剑两种，长度101.5厘米为长剑，长度31.5厘米为短剑，重量为200～450克不等。实战对打和比赛主要使用竹剑，竹剑是用四条竹子组合而成，剑长为115～119厘米，重量为375～500克。

练习剑道对服装和护具等都有明确的规定和要求。服装要求是易吸汗的棉织品的上衣和裤裙，上衣袖长以盖至肘部为宜，胸前附有绳索以利穿妥。裤裙长度须盖至足踝，但不可及地，以免踏上绊倒。男子一般是全套蓝色，女子则穿白色上衣，黑色裤裙。为防备对手的击打，剑道选手还需佩戴腰

垂、护胸、头盔和手套等护具。腰垂是三块皮制条状物，缠于腰、髋部及腹股沟。护胸呈半圆状，是用皮革把竹片连制而成。头盔主要保护头部，重约6磅，主要部分为钢条面罩，两旁和中央有皮制下摆，保护喉部。手套也是皮革制成，以减少被对手击中时的疼痛。

剑道比赛是在9米至11米见方的场地上进行的。三名裁判员在场内执法，一位主裁判在场外执法。比赛方式为限时制（通常为3分钟，先得两分者为胜或在限定时间内得分多者为胜）。得分方法是比赛者用竹剑击中对手的有效部位，包括面部（正、左、右）、手部（左、右）、腹部（左、右）及喉部。在剑道比赛中，选手对裁判员的裁决不得提出异议。

第二节　创新武术双短兵

一、武术以何种形式进入奥运会

奥运会上与武术相近的正式搏击类比赛项目有很多，诸如主要用拳法进行竞技的项目有拳击；主要用腿法进行竞技的项目有跆拳道；主要用摔法进行竞技的项目有柔道；综合应用拳法、腿法、摔法等技术进行对抗的项目有空手道；利用器械进行竞技对抗的项目有击剑，这些奥运搏击类项目各自代表着不同的民族文化，起源于不同的国家，而且表现形式各不相同，各自特点极为突出。作为国术的中国武术，兼容了奥运会各类搏击项目的文化内容，同时还有很多中华武术特有的功夫。例如，武术十八般兵器中的鞭、锏文化，尤其双鞭等双短兵文化，更具有一定的民族特色。武术进奥运，选择搏击的表现形式更能体现武术的本质。同时搏击内容及形式的选择要明显区别于奥运会上现有正式比赛项目的内容及形式，双短兵项目可以作为参考。

现代武术文化传承偏重于套路。奥运会上与武术相关的正式比赛项目都是以搏击的形式存在的。纵观全国各大武术组织，大多数都把套路表演作为重要内容，忽略了武术实战的本质。武术套路的表现形式更接近于舞蹈。实际上国家体育总局近年来已经把武术内容划分为套路、散打、健身功法、短兵四大类。短兵内容以搏击对抗为主，兼具健身、套路表演等内容，建议可以重点开发。

二、双短兵器械需要创新

奥运会击剑项目所用的剑以及日本剑道比赛所用的竹剑都特色鲜明。现代传统双鞭器械是钢制或木制器械，重量较重且非常坚硬，不利于挥舞，应用于对抗运动中容易给人体造成伤害。所以，现代人在传承双鞭技法时主要以套路为主，对抗也只是编排好的拆招，既限制了技术的发挥，又不能真正体现武术的对抗搏击本质。在今后的发展中，既要发挥双短兵的健身功能，又要体现武术的本质，更要提高运动的安全性能，首先双短兵器械需要进行创新改良。器械创新要体现民族特色，要区别于奥运会的击剑器械，要不同于日本的剑道器械，短兵器械在外观上就应该民族特色鲜明，应该要有一定的中华民族文化特色。

三、双短兵技法需要凝练

奥运会击剑和日本剑道的技术都非常科学和系统规范。中国各武术门派及拳种都有各自的传承及研究，很多门派及拳种都有双短兵器械内容，在发展过程中其双短兵技法得以传承和创新。各种双短兵器械的技法丰富多彩，这些双短兵技法有的健身效果极佳，有的防身实战效果良好，有的具有一定的观赏价值，有的是为了动作之间的衔接等。在不同的历史时期，双短兵技

法起到了不同的作用。对双短兵技法的凝练，应遵循以下原则。

（1）实用性原则。在双短兵搏击对抗中，应选择具有动作预兆小、幅度小、直接、顺畅、易学、易练、易用、打击目标明确、力点突出等特点的技法，至简至用。

（2）安全性原则。双短兵作为一项现代体育运动，安全性最为重要。只有在保证参与者足够安全的情况下，这项运动才有意义。在双短兵运动中，除了使用安全器械之外，在搏击技法上也要明确标准，在比赛中需使用安全性极高的双短兵技法，这样才能保证参与者更安全。要有针对性地选择各门派传承的安全性高的双短兵技法，同时根据项目需要，还可创新双短兵技法内容，形成完整技术体系。

（3）竞技性原则。双短兵技法要求符合更高、更快、更强的奥运精神，同时体现公平竞争。在选择各门派拳种的各种双短兵技法时，宜选择能够快速攻防、有清晰明确的打击效果以及能够进行激烈竞争的双短兵技法，增加双短兵搏击项目的竞技效果。

（4）观赏性原则。作为现代器械类搏击运动和武术文化内容之一，双短兵传承了古代战场持械激烈搏斗的场面，在随意性的攻防对抗中，根据现场发挥情况，有很多不可预见的因素，比赛的胜负不到最后一刻则难以预料。

另外，有统一的赛事标准更有利于双短兵的文化传承和项目推广。根据双短兵赛事特点，借鉴相关成功项目的赛事经验，制定科学合理的赛事标准。同时，在双短兵项目相关设备及器材方面应该多研发电子科技产品，减少比赛判罚中人为因素的影响。

第三章　现代武术双短兵的技术

第一节　现代武术双短兵的基本技术

一、双短兵礼

左手以虎口处持一短兵，屈臂，使双短兵身贴小臂内侧，斜横于胸前，右手松握另一短兵附于左手短兵之上，左手拇指屈拢成斜侧立掌，以掌根附于双短兵手柄上，头向前微低于竖直面约30°角。两腕部与锁骨窝同高，肘略低于手，两臂外撑，目视受礼者（图3–1）。

二、双短兵的握法

以拇指和食指于短兵手柄前用力环握，其余三指稍弯曲松握，将短兵柄紧握在手心；根据某些动作的需要，可将食指、小指放松，而用拇指、中指和无名指紧握短兵柄来控制短兵的活动（图3–2），使短兵活动构成杠杆原理，拇指处是支点，短兵柄末端到拇指的距离为动力臂，拇指到短兵顶端为阻力臂。

图3-1　双短兵礼　　　　　　　图3-2　双短兵握法

三、双短兵的发力及手腕动作与经络

（1）双短兵发力：双短兵无论进攻与防守，力都从腰发，由腰部传到肩，由肩到肘，由肘到腕，利用杠杆原理传到短兵身上部；利用步法的移动，可以使短兵获得足够的动量，从而提高短兵的击打效果。

（2）手腕动作：

①提腕（A、B）；②压腕（C、D）；③卷腕（E、F）；④展腕（G、H）。

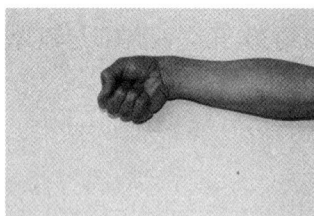
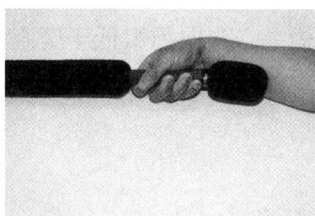

A　　　　　　　　　　　　B

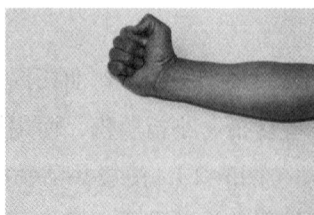
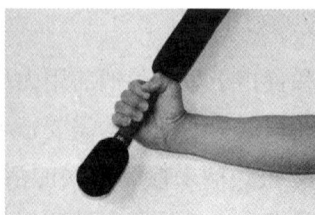

C　　　　　　　　　　　　D

E

F

G

H

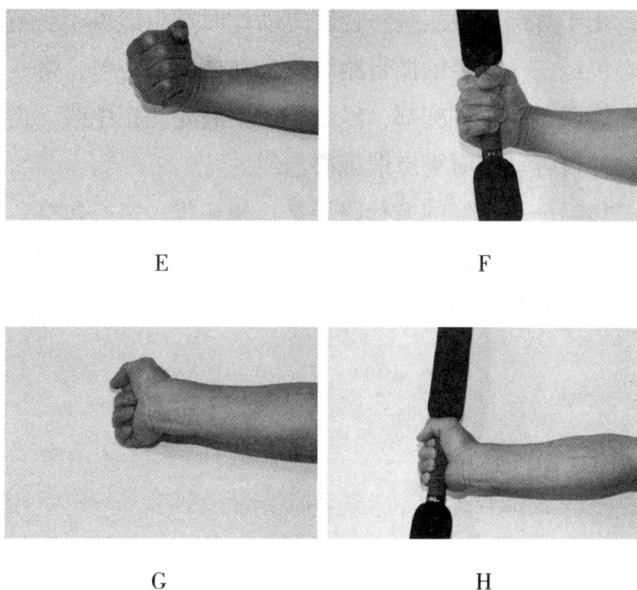

图3-3　手腕动作

　　人体有六条与脏腑相连的重要经络止于指端，经常练习双短兵可以打通这六条经络，进而滋养相关脏腑，达到祛病强身的目的。

　　六条经络包括：

　　手太阴肺经——本经为肺脏之经脉，它的循行路线是：在体内属肺，并与胃口相连。在体表由胸部外上方沿着上肢屈侧前面向下，止于拇指端。做展腕、伸臂等动作时重点锻炼肺经。

　　手阳明大肠经——本经的循行路线是：起于食指尖端，沿着食指向上拇指一侧的上缘，经过第一、第二掌骨之间，入腕上拇指后两筋诸阳经相会柱骨的大椎上，再向下入缺盆，联络肺脏，下膈膜，入大肠。做提腕、伸臂等动作时重点锻炼大肠经。

　　手少阴心经——本经的循行路线是：在体内属心，络小肠，并与咽部及眼相连；在体表，由腋下部，沿着上肢屈侧后面向下，出于小指端。做压腕、举臂等动作时重点锻炼心经。

　　手太阳小肠经——本经的循行路线是：在体内属小肠，络心，并与胃、眼和内耳相连。在体表由手小指端，经过上肢外侧后面、肩胛部、侧颈部，

沿着面眼部，止于耳部。做压腕、合臂等动作时重点锻炼小肠经。

手厥阴心包经——本经的循行路线是：在体内属心包，络三焦，并与横膈膜相连；在体表，起于侧胸部，经腋下、上肢屈侧正中线，止于手中指指尖。做展腕、伸臂等动作时重点锻炼心包经。

手少阳三焦经——本经的循行路线是：属三焦，络心包络，并与耳、眼相连；在体表起于无名指端，沿着上肢外侧正中线，通过肩部、侧颈部、侧头部、耳部，止于眼部。做卷腕、合臂等动作，重点锻炼三焦经。

四、攻击部位

攻击部位指允许使用双短兵器械攻击的身体部位。在双短兵训练中，除人体的后脑及裆部外，其他部位都属于允许攻击部位。比赛中，主要攻击两小臂、两小腿、头部正面和胸腹之间部位等得分部位。

五、预备姿势

左手以虎口处持一短兵，屈臂，使双短兵身贴左小臂内侧，斜横于胸前，右手松握另一短兵附于左手短兵之上，双手以合抱姿势握住双短兵（图3-4）。

六、实战姿势

以右势为例，右手握短兵向前提起，右脚向前迈出一步；两腿弯曲，右膝关节不超过脚尖，左膝关节垂直于脚尖，身体重心平均落在两腿上，两脚

尖朝前，上体保持正直，右臂微屈，大小臂夹角为120°，手心向左，肘关节向右下，兵尖指向对方右眼或咽喉，左手屈臂置短兵于右胸前方（图3-5）。左实战式与右实战式相同，手脚前后相反。

图3-4　预备姿势　　　　　图3-5　实战姿势

七、距离

距离指双短兵对抗双方的距离，分远近两种。

（1）远距离：向前一步再做弓箭步就可以击中对方的距离。

（2）近距离：实战姿势，短兵尖端交叉之后两人之间的距离，或做弓步就可以击中对方的距离。

图3-6　远距离实战　　　　图3-7　近距离实战

八、眼神

实战中的眼神（即中央视觉）除注视对方眼睛部位外，其余光（即周围视觉）要兼视对方的手腕、肩和髋部动作，根部（即腕、肩、髋）动作先于短兵，这就增加了判断的反应时间，从而快速准确地做出进攻和防守动作。

九、基本步法

滑步（前后左右）、跳滑步、上步、退步、跨步等在变换距离时使用，具体做法说明如下。

（1）滑步。

①前滑步：前脚向前迈半步，后脚随即跟半步成实战姿势时的步法（图3-8）。说明：图中箭头1表示先动，箭头2表示后动。

②后滑步：后脚向后退半步，前脚随即后移半步成实战姿势时的步法（图3-9）。

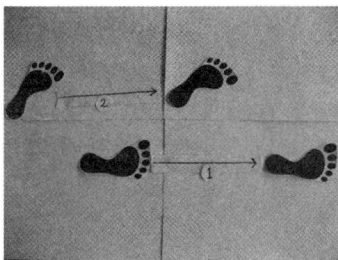 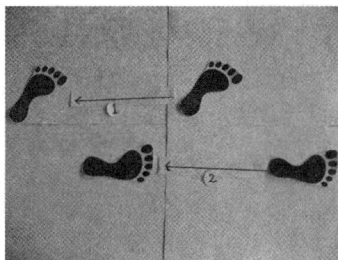

图3-8　前滑步　　　　图3-9　后滑步

③左滑步（左闪步）：左脚向左侧迈出一步，同时右脚也向左侧移出一步成实战姿势时的步法（图3-10）。

④右滑步（右闪步）：右脚向右侧迈出一步，同时左脚也向右侧移出一步成实战姿势时的步法（图3-11）。

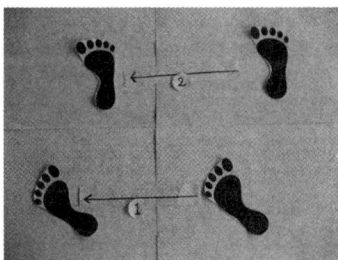 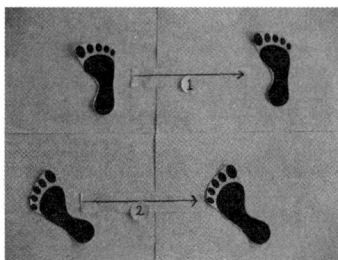

图3-10　左滑步　　　　图3-11　右滑步

（2）跳滑步：在滑步的基础上，加快迈步和跟步的速度，分为前、后、左、右跳滑步。

（3）上步：左脚经右腿内侧向前迈一步，之后右腿经左腿内侧也向前迈出同样距离的一步成实战姿势时的步法（图3-12）。

（4）退步：右脚经左腿内侧向后撤一步，之后左腿经右腿内侧也向后退出同样距离的一步成实战姿势时的步法（图3-13）。

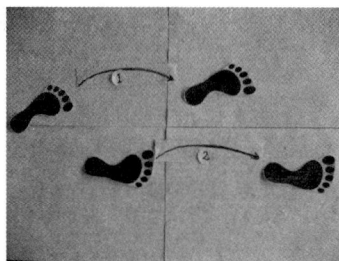
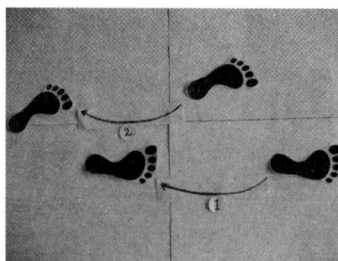

图3-12　上步　　　　　　图3-13　退步

（5）跨步：后脚用力蹬地，前腿屈膝前上提、尽力向前落地成弓步，身体重心前移，左脚迅速跟上成实战姿势时的步法（图3-14）。

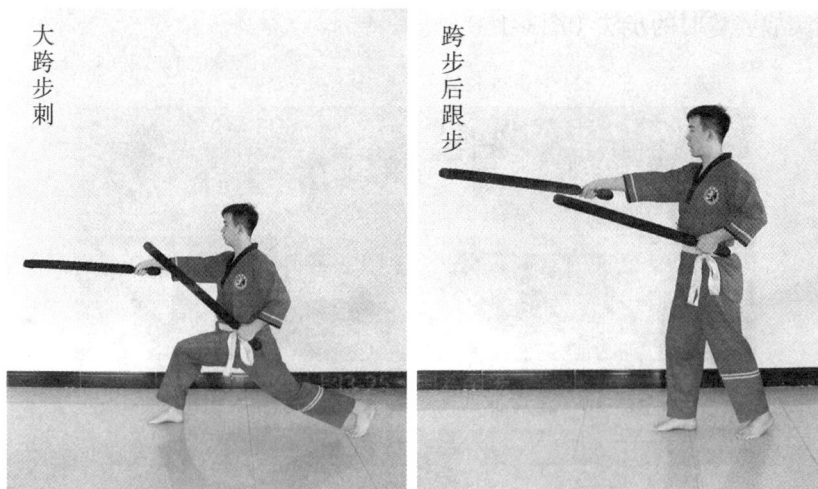

图3-14　跨步

以上步法都是以右脚在前（即右实战姿势）为例，左脚在前（即左实战姿势）的步法与右脚在前的步法手脚动作相同，手脚前后相反。

第二节 现代武术双短兵实用进攻技术

随着短兵作用的改变，现代武术双短兵技法也有很大的变化，双短兵运动可以使用两短兵同时进攻、两短兵同时防守、一短兵进攻另外一短兵同时防守等技术，攻中有防，防中有攻，攻防可以同时进行。在攻防转换的过程中，更强调点到为止，尊重对方，通过控制短兵器械以控制自己行为，向着更高、更快、更强的方向发展。下面以单手进攻技术为例进行说明。

一、力劈华山（劈）

进攻短兵向着被攻击目标进行竖直向下运动，利用短兵体攻击目标，在击打瞬间手心朝向侧方、小指到掌根部位的小指对掌肌、小指短屈肌、小指展肌等肌肉群顶住短兵手柄底部，食指、中指、大拇指用力环握并向小臂方向回带短兵手柄上部，形成杠杆原理，手部及臂部的肌肉收缩，控制住短兵，此技法称为下劈（砸）（以下简称劈）。劈的技术根据动作幅度的大小分为大劈和小劈两种。短兵举过头顶，利用收腹、展臂、顶腕劈向目标的动作称为大劈。短兵在胸前通过屈臂、翘腕回带再转腰、顺肩、直臂、顶腕劈向目标的动作称为小劈。主要攻击头部。

大劈技术的优点：力量大，击打动作明显，参与该动作除了手臂的全部肌肉群之外，进攻手臂同侧的胸大肌、背阔肌、斜方肌等肌群主要参与做功，健身效果显著，短兵容易操控。缺点：动作预兆大，攻击路线长，容易被对方察觉进攻意图。

小劈技术的优点：动作细腻、预兆小而隐蔽，攻击路线短，不容易被对方察觉进攻意图，短兵容易操控。缺点：位移短，动量变化小，无论健身方面还是击打方面都没有大劈技术效果显著。

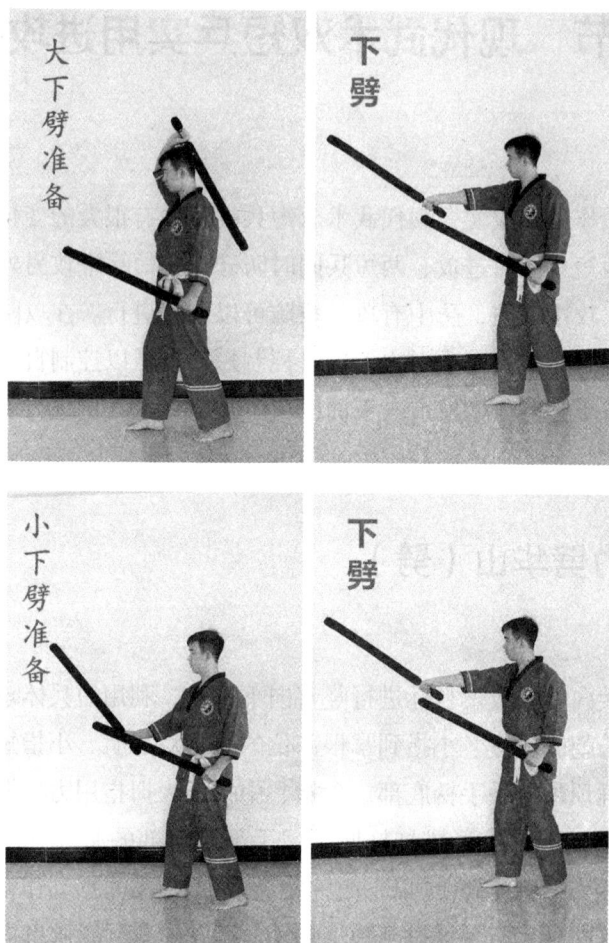

图3-15　劈

二、金鞭抽甲（抽、砍）

　　使短兵沿着目标45°角斜向击打，利用短兵体攻击目标，在击打目标瞬间进攻短兵的手心朝向斜上（或斜下）方向，利用杠杆原理控制短兵，称为斜抽。斜抽技术动作幅度大的称大斜抽，动作幅度小的称小斜抽，手心斜向

上称为阳斜抽，手心斜向下称为阴斜抽。综合起来斜抽分为大阳斜抽、小阳斜抽、大阴斜抽、小阴斜抽四种技法。攻击目标包括头部、小臂、小腿等部位。

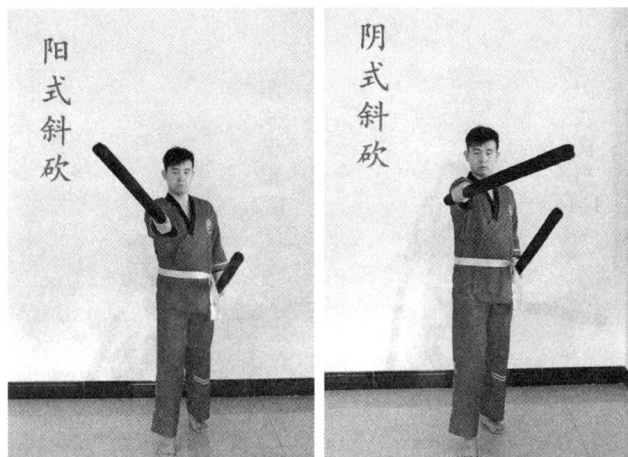

图3-16　砍

大斜抽和小斜抽技术的优缺点同大劈和小劈技术的优缺点。

阳斜抽技术的优点：在使用阳斜抽技术的同时便于施展另外一把短兵的攻防技术。缺点：由于击打瞬间手心斜向上，杠杆阻力臂用力的方向有一半向着手心朝向方向，发力瞬间短兵不利于控制。

阴斜抽技术的优点：由于击打瞬间手心斜向下，杠杆阻力臂用力的方向有一半向着手背朝向方向，发力瞬间短兵有利于控制。缺点：阴斜抽技术攻击路线是沿着进攻手臂异侧进行，挡在身体正前方，所以不利于施展另外一把短兵的攻防技术。

三、排山倒海（扫）

短兵完全水平横向运动，利用短兵体攻击目标，击打目标瞬间进攻短兵

的手心完全朝上（或朝下），利用杠杆原理控制短兵，称为横扫。横扫技术动作幅度大的称大横扫，动作幅度小的称小横扫，手心斜向上称为阳横扫，手心斜向下称为阴横扫。综合起来横扫分为大阳横扫、小阳横扫、大阴横扫、小阴横扫四种技法。主要攻击头部和小腿等部位。

图3-17　扫

大阳横扫技术的优点：打击面较广，力量大，对方不容易防守。缺点：动作预兆大，短兵运动路线较长，短兵较难控制，容易被击落。

小阳横扫技术的优点：动作预兆小，打击面较广，对方不容易防守。缺点：短兵较难控制，非常容易被击落。

大阴横扫技术的优点：打击面较广，力量大，对方不容易防守。缺点：动作预兆大，短兵运动路线较长，容易妨碍另外一侧短兵攻防动作的施展。

小阴横扫技术的优点：动作预兆小，打击面较广，对方不容易防守。缺点：容易妨碍另外一支短兵攻防动作的施展。

四、白蛇吐信（刺）

利用短兵尖向被攻击目标水平刺出称为直刺。动作要求虎口前顶、手腕下压、手臂挺直。

直刺技术的优点：攻击动作非常隐蔽、直接、快速，攻击路径最短，打击效果明显。缺点：攻击的目标只是一点，目标较小，打击范围小，不容易击中。

单手直刺 1-1　　单手直刺 1-2

图3-18　直刺

五、赤焰飞天（撩）

短兵自下而上运动，利用短兵体击打目标，击打目标瞬间进攻短兵的手心向侧方向（或斜朝上、斜朝下），利用杠杆原理控制短兵，称为撩。手心向侧方向的技术称为上撩；手心斜朝上的技术称为阳上撩；手心斜朝下的技术称为阴上撩。

图3-19 撩

上撩动作的优点：动作直接，短兵易于控制。缺点：攻击目标较少，不容易击中。

阳上撩动作的优点：方便另外一短兵攻防技术的发挥。缺点：短兵极容易脱手，不容易控制。

阴上撩动作的优点：短兵容易控制。缺点：容易阻碍另外一短兵攻防技术的发挥。

第三节　现代武术双短兵实用防守技术

现代武术双短兵竞技比赛中，根据对方短兵不同的进攻特点，我方需要采取不同的防守方法，武术双短兵由于是双手分别持握短兵器械，防守技术根据攻防转换可分为单纯的防守和攻防同时进行的技术，包括架、挡撑、拦截、截击、躲闪等。这些防守技术在实际应用中的效果各不相同，要想在武术双短兵对抗中取得胜利，采取一种适合自身特点的防守技术是非常重要的。

一、架

（1）霸王举鼎。架的动作是短兵通过翻腕（使短兵尖指向该手臂的异侧方向）、屈臂横架于额头的正上方，手臂用力旋紧，手心向前。架主要用来防守下劈的攻击（图3-20）。

（2）女娲补天。只有单手短兵正手上架于头上（图3-21）。

（3）大圣观海。单手短兵旋臂、翻腕，经身体异侧上架于头上（图3-22）。

图3-20　霸王举鼎　　　图3-21　女娲补天　　　图3-22　大圣观海

霸王举鼎的优点：由于双手短兵参与防守，防守力量较大，能够防住对方大力的劈击。缺点：侧重防守，做不到防守的同时进攻，攻防转换较慢。

女娲补天、大圣观海两式的优点：单手短兵防守的同时另外一短兵可以选择进攻也可以选择多点防守，攻防节奏快，给对方防守施加更大压力。缺点：防守的力量小，很难防住对方的大劈动作。

二、挡撑

（1）铜墙铁壁。双手短兵通过屈臂、锁肩、顶腕（短兵尖朝上）分别立挡于头的两侧，使两短兵在身体两侧同时直立来格挡对方对上体及头部两侧的进攻（图3-23）。

（2）外挡内撑。以右脚在前为例，右手短兵立于身体右侧上方向右格挡（图3-24A）。右手短兵屈臂经体前向身体左侧方用力撑防（图3-24B）。左手短兵立于身体左侧向左侧格挡（图3-24C）。左手短兵屈臂经体前向身体右侧方用力撑防（图3-24D）。

图3-23　铜墙铁壁

（3）双龙合璧。双手短兵在上体两侧同时挡撑（图3-24E、F）。

铜墙铁壁的优点：能够防住左右两侧同时进攻头部和上体的进攻技术，主要防住对方的两侧同时斜砍、两侧同时横扫的技术。缺点：双手短兵同时参与防守，攻防转换较慢，做不到同时攻防。

A　　　　　　　B　　　　　　　C　　　　　　　D

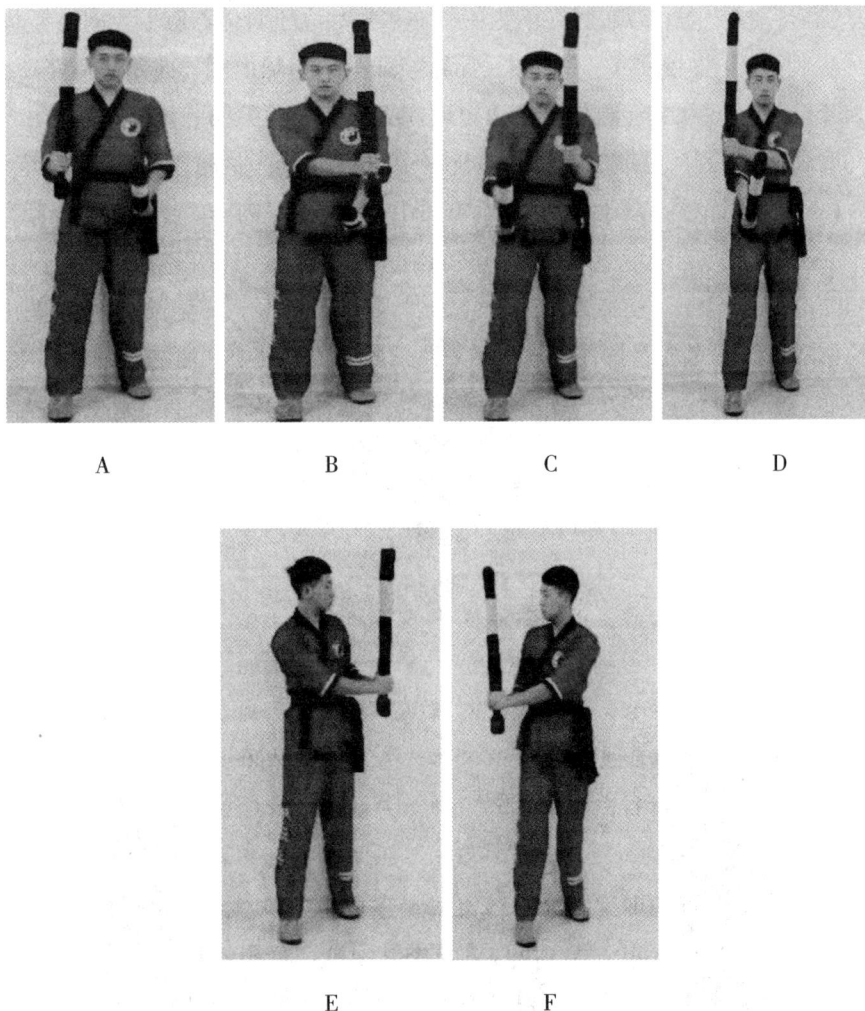

E　　　　　　　F

图3-24　外挡内撑、双龙合璧

三、拦截

（1）固若金汤。双手短兵通过旋臂、翻腕、手臂撑紧，使短兵尖朝下分别立拦于腿的两侧，格挡对方攻击我方下肢（图3-25）。

（2）阴格阳防。以右脚在前为例，右手短兵立于身体右侧下方向右拦防，短兵尖朝下（图3-26A）。右手短兵屈臂经腿前向小腿内侧方向用力截防（图3-26B）。左手短兵立于身体左侧下方向左拦防，短兵尖朝下（图3-26C）。左手短兵屈肘、旋臂、翻腕，经腿前向右小腿外侧方向用力拦防（图3-26D）。

（3）二虎绕林。双手短兵在腿内外两侧同时拦截防守（图3-27）。

图3-25　固若金汤

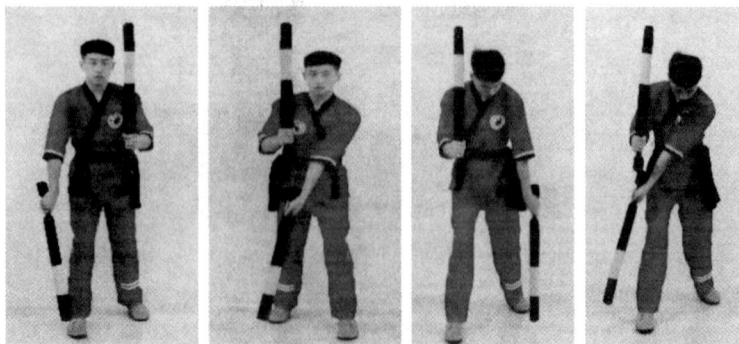

| A | B | C | D |

图3-26　阴格阳防

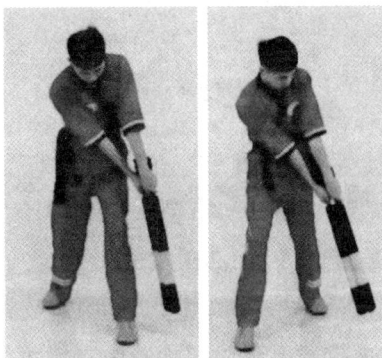

图3-27 二虎绕林

固若金汤的优点：能够防住左右两侧同时进攻腿部的进攻技术，主要防住对方的两侧同时斜下砍、两侧同时横下扫的技术。缺点：双手短兵同时参与防守，攻防转换较慢，做不到同时攻防。

阴格阳防的优点：能够防住一侧进攻头部和上体的进攻技术，主要防住对方的一侧斜砍、一侧横扫的技术；在防守的同时另外一短兵可以选择进攻还可以选择多点防守。缺点：单上挡技术不能防守头部或上体两侧同时进攻。

二虎绕林的优点：能够防住一侧进攻腿部的技术，主要防住对方的一侧斜下砍、一侧横下扫的技术；在防守的同时另外一短兵可以选择进攻还可以选择多点防守。缺点：单下挡技术不能防守腿部两侧同时进攻。

四、截击

截击技术是在对方短兵攻击动作启动瞬间，我方事先洞察到对方的进攻意图，准确判断对方攻击短兵运行的路线，采用相应的格挡或反击技术，将其短兵或身体拦挡在进攻的中途。截击技术分为截击短兵器械和截击人体两种（图3-28）。

图3-28　截击

截击短兵器械技术的优点：能较好地化解对方攻击技术和进攻势头，同时创造更多的反击机会，缩短我方短兵的攻击距离。技术要求：预判对方攻击意图较难，需要丰富的武术双短兵搏击经验和敏锐的洞察力，对武术双短兵器械要具有更强的操控能力和速度能力。缺点：判断容易失误，没有拦截到对方的短兵器械，而自己的防护门打开，给对方的打击造成可乘之机。

截击人体技术的优点：能出其不意直接得分或重创对方。技术要求：彼不动，我不动；彼若动，我先动。反击技术做到简单直接。缺点：判断失误造成互相击中；被对方假动作诱骗，造成对方的反击。

五、躲闪

躲闪指当对方短兵攻击瞬间，我方迅速利用身形和步法的移动躲开对方的攻击。躲闪包括摇闪、滑步和提膝三种技术。

摇闪是对方攻击我头部或躯干时，我方利用躯干的摇摆动作躲开对方的攻击。摇闪技术的优点：躲闪迅速，与对方较近能很快形成反击动作。缺点：躲闪之后与对方距离较近，下肢暴露在对方的击打范围之内。

滑步躲闪是利用步法的移动来调节与对方的距离进行躲避。滑步躲闪技术的优点：使我方的身体各部位都能躲开对方的攻击。缺点：对步法技术质量的要求较高，比较消耗体能，由于躲闪之后距对方较远，不利于我方的反击。

提膝躲闪是利用提膝动作躲开对方攻击下肢的技术。提膝躲闪技术的优

点：躲闪迅速，躲闪的同时可以进行反击。缺点：由于提膝之后形成单腿支撑，移动较困难，很难躲开对方的连击。

武术双短兵防守技术的方法和范围各有其针对性，了解这些防守技术不同的优缺点，从而在复杂、灵活多变的武术双短兵搏击对抗中，面对对方不同的进攻方法时采取相应的防守技术，熟练运用各种防守技能，为搏击对抗的最终胜利奠定坚实的基础。

图3-29 躲闪

武术双短兵还有连击技术和组合技术。连击技术是建立在单击技术基础上的实用技法，即把下劈、斜砍、横扫、直刺、上撩等一个技术连续做几次

或几个技术连贯起来使用，这样既可以提高打击得分的连续性，又具有一定的观赏价值。

组合技术是把进攻技术、防守技术、步法技术、假动作技术等几个或更多组合在一起进行应用。

第四章　现代武术双短兵项目的等级标准

　　武术双短兵的技术等级设定为段前六级和一到九段。级、段有相应徽饰、证书，有不同修习内容，每个阶段对修习者的要求各不相同，修习完成各阶段的内容后，经考核合格者可获得对应的徽饰、证书。

第一节　阶段划分及徽饰图案的蕴意

一、筑基（六到四级）

　　混沌的宇宙中孕育着生命，生命个体不断地成长。

　　练习武术双短兵要做好身体素质的准备，提高力量、速度、耐力、柔韧、灵敏五大素质。开天辟地，经世致用，厚积薄发，跬步千里，手足并用，拳械结合。

图4-1　武术双短兵六级徽饰

图4-2　武术双短兵五级徽饰

图4-3　武术双短兵四级徽饰

二、明礼（三到一级）

　　智慧是推进社会文明进步的必要条件，人类身体机能的发展达到一定程度，开始重视精神层面的修炼。这一阶段重点对修习者进行武德的培养，习武先习德，中华民族素来被称为礼仪之邦，德为立人之本，礼为立身之基，习武先习德，立人先立身，明礼方成人。

图4-4　武术双短兵三级徽饰

图4-5　武术双短兵二级徽饰

图4-6 武术双短兵一级徽饰

三、阴阳（一到三段）

世界在发展变化过程中阴阳理论逐渐清晰。修习者在身体和精神的发展都达到一定程度后，开始注重双短兵攻防技法的培养。攻防兼备，阴阳平衡，水滴石穿，跬步千里，实战为基，意识为本，灵活多变，快速敏捷。

图4-7 武术双短兵一段徽饰

图4-8　武术双短兵二段徽饰

图4-9　武术双短兵三段徽饰

四、五行（四到六段）

阴阳理论的发展使人类创造出循环不息的五行学说。修习者在双短兵攻防技法熟练的基础上，达到一招化百势，一势应百招的水平。时刻备战，有的放矢，鞭辟入里，运劲成风，炉火纯青，相生相克，身心合一，演打结合。

图4-10　武术双短兵四段徽饰

图4-11　武术双短兵五段徽饰

图4-12　武术双短兵六段徽饰

五、赟道（七到九段）

在人类个体自身强大之后，带动整个社会的进步，因此建立赟道思想。要求修习者双短兵能力达到一定程度之后，影响更多的人参与其中，促进社会的发展。天地人械合，得心应手，庖丁解牛，如臂使指，游刃有余，建功立业，开拓创新，功勋卓著。

图4-13　武术双短兵七段徽饰

图4-14　武术双短兵八段徽饰

图4-15　武术双短兵九段徽饰

第二节　晋级划分

一、武生（分三级即六到四级）

武生指武术的生涯刚刚起步，即武术思想、技能的开始，掌握扎实的基本功，为后续武术双短兵能力的提升奠定坚实基础。

（一）六级

考试内容：

（1）徒手实战式。

（2）前后、左右高开立步定式。

（3）阳式鞭拳（拂尘）、阴式鞭拳（叩问）。

（4）开立步上下弹动（左、右）30秒。

（5）双短兵防守技术。

①霸王举鼎（双短兵同时正手上架）。

②女娲补天（单手正手上架）。

③大圣观海（单手旋臂反手上架）。

（6）六级单操。

晋级标准：

六项技术考评总分36分以上，任何单项成绩不低于6分。

（二）五级

考试内容：

（1）马步。

（2）并步+马步。

（3）马步直拳（破浪）、阳式直拳（逐日）、阴式直拳（探海）。

（4）双短兵防守技术。

①铜墙铁壁——双短兵同时上挡。

②外挡内撑——左脚在前左短兵（左挡、右撑），右脚在前右短兵（右挡、左撑）。

③双龙合璧——左右双短兵同时挡撑。

（5）五级单操。

晋级标准：

五项技术考评总分30分以上，任何单项成绩不低于6分。

（三）四级

考试内容：

（1）弓步。

（2）并步+弓步。

（3）行进间阳式摆拳（揽月）、阴式摆拳（扬帆）。

（4）双短兵防守技术。

①固若金汤——双短兵同时下拦截。

②阴防阳格——左脚在前左短兵（左截、右拦），右脚在前右短兵（右拦、左截）。

③二虎绕林——左右双短兵同时拦截。

（5）四级单操。

晋级标准：

五项技术考评总分30分以上，任何单项成绩不低于6分。

二、武学（分三级即三到一级）

武学指对武术双短兵项目有一定的认识，具备武术双短兵六到四级的能力，并注重武理，达到自理者，可申请晋升段前三至一级。

（一）三级

考试内容：

（1）武理（双短兵精神）。

（2）修习者必须学会"三姿"，即持双短兵姿势、双短兵敬礼姿势、双短兵实战姿势。

（3）三级单操单练（"排山倒海"攻击小腿部位技术的攻防套路）。

（4）使用"排山倒海"30秒小腿部位的攻防条件实战。

晋级标准：

"三姿"动作规范、标准，三级单操动作连贯、舒展，30秒钟条件实战时间差、距离感、时机把握得当。武理60分以上，三项技术总分21分以上。

（二）二级

考试内容：

（1）武理（双短兵精神）。

（2）在三级基础上必须学会"四步"，即四种步法：滑步、跳步、上退步、跨步。

（3）二级单操单练（"怒砍蛟龙"攻击头部技术的攻防套路）。

（4）使用"怒砍蛟龙"45秒钟头部攻防条件实战。

晋级标准：

四种步法动作正确、灵活，二级单操劲力顺达，45秒钟条件实战方法正确。武理60分以上，三项技术总分21分以上。

（三）一级

考试内容：

（1）武理。

（2）在三、二级基础上必须学会"五技术"，即五种技术：单手原地下劈、单手原地斜砍、单手原地横扫、单手原地直刺、单手原地上撩。

（3）一级单操单练（"力劈华山"攻击头部技术的攻防套路）。

（4）使用"力劈华山"1分钟头部攻防条件实战。

晋级标准：

五种技术动作正确、规范，一级单操连贯、协调，1分钟条件实战体力充沛。武理60分以上，三项技术总分21分以上。

三、武者（一到三段）

武者指经过了1年以上的武术双短兵项目训练，掌握一定的武术双短兵技能，能够把武术双短兵理论融入生活中，达到自立者。

（一）一段

考试内容：

（1）武理、武德。

（2）三级单操的对拆。

（3）"力劈华山"的同时攻防技术（分三动作、快动作、跳步动作、跨步动作）；滑步+单手短兵（大、小）下劈头部，同时另一手上架、上挡、下挡；上、退步+单手短兵（大、小）下劈头部，同时另一手上架、上挡、下挡；跳步+单手短兵（大、小）下劈头部，同时另一手上架、上挡、下挡；跨步+单手短兵（大、小）下劈头部，同时另一手上架、上挡、下挡。

（4）45秒小腿随意攻防的无限制实战。

晋段标准：

凡取得一级资格达1年以上，年龄在8周岁以上，遵守武德、武术礼仪，准确掌握《双短兵教程》中的一段内容，技术考评成绩达21分以上，理论考评成绩达70分以上，可申请晋升一段。

（二）二段

考试内容：

（1）武理、武德。

（2）二级单操的对拆。

（3）"怒砍蛟龙"的同时攻防技术（分三动作、快动作、跳步动作、跨步动作）；滑步+单手短兵（大阳、小阳、大阴、小阴）斜砍头部，同时另一手上架、上挡、下挡；上、退步+单手短兵（大阳、小阳、大阴、小阴）斜砍头部，同时另一手上挡；跳步+单手短兵（大阳、小阳、大阴、小阴）斜砍头部，同时另一手上架、上挡、下挡；跨步+单手短兵（大阳、小阳、大阴、小阴）斜砍头部，同时另一手上架、上挡、下挡。

（4）1分钟小腿随意攻防的无限制实战。

晋段标准：

凡获得一段达1年以上，遵守武德、武术礼仪，准确掌握《双短兵教程》

的二段内容，技术考评成绩达22.5分以上，理论考评成绩达70分以上，可申请晋升二段。

（三）三段

考试内容：

（1）武理、武德。

（2）一级单操的对拆。

（3）"排山倒海"的同时攻防技术（分三动作、快动作、跳步动作、跨步动作）；滑步+单手短兵（大阳、小阳、大阴、小阴）横扫小腿部，同时上架、上挡、下挡；上、退步+单手短兵（大阳、小阳、大阴、小阴）横扫小腿部，同时另一手上架、上挡、下挡；跳步+单手短兵（大阳、小阳、大阴、小阴）横扫小腿部，同时另一手上架、上挡、下挡；跨步+单手短兵（大阳、小阳、大阴、小阴）横扫小腿部，同时另一手上架、上挡、下挡。

（4）1分30秒小腿、头部的无限制实战（头部戴面罩头盔）。

晋段标准：

凡获得二段达1年以上，遵守武德、武术礼仪，准确掌握《双短兵教程》中的三段内容。两项技术考评成绩达22.5分以上，理论考评成绩达70分以上者，可申请晋升三段。

四、武士（四到六段）

武士指武术双短兵功夫有一定造诣，掌握丰富的武术双短兵理论知识，且武德高尚达到自信者。在前三段单操、对战的基础上，增加炫技、兵舞内容。

（一）四段

考试内容：

（1）武理、武德。

（2）在三段的基础上，必须学会"力劈华山"的同时攻防技术（即一手短兵下劈同时另一手短兵上架）单练、对拆套路。

（3）四种步法+单手（双手）短兵直刺胸部的攻防技术及腾空单手下劈技术。

（4）转身技术：右脚滑步+右短兵大阳式斜砍、左脚退步转身+左手短兵后阴式斜砍、右脚上步+右大阳式斜砍的技术组合。

（5）滚翻技术：右侧前滚翻+左短兵大阴式横扫、单腿跪姿右短兵大阳式横扫、左手短兵上架同时右手短兵大阴式横扫的技术组合。

（6）自选套路（一）。

（7）2分钟小腿、头部、胸部的无限制实战（不戴任何护具）。

晋段标准：

凡获得三段达2年以上，注重武德修养；在规定的考评中，进行理论考评；熟练掌握《双短兵教程》中的四段内容或在双短兵比赛中获得规定录取名次。两项技术考评成绩达48分以上，理论考评成绩达75分以上者，可申请晋升四段。

（二）五段

考试内容：

（1）武理、武德。

（2）在四段的基础上，掌握"怒砍蛟龙"的同时攻防技术（即一手短兵斜砍同时另外一手短兵上挡）单练、对拆套路。

（3）腾空四连击技术：双脚同时起跳+（右、左、右、左）短兵小下劈技术。

（4）双脚同时起跳转体360°，同时前手短兵小阳式斜砍+转身后手短兵大阴式斜砍。

（5）自选套路（二）。

（6）3分钟小腿、头部、胸部的无限制实战（不戴任何护具）。转身、滚翻、跳跃、蹲姿结合各种短兵攻防的组合技术在实战中至少用到两种。

（7）自选兵舞1套。

晋段标准：

凡获得四段达2年以上，注重武德修养；在规定的考评中，进行理论考评；熟练掌握《双短兵教程》中的五段内容，在双短兵比赛中获得规定录取名次。两项技术考评成绩达51分以上，理论考评成绩达80分以上者，可申请晋升五段。

（三）六段

考试内容：

（1）武理、武德。

（2）在五段的基础上，掌握"排山倒海"的同时攻防技术（即一手短兵横扫的同时另外一手短兵下挡）单练、对拆套路。

（3）腾空六连击技术：双脚同时收腿起跳+（右、左、右、左、右、左）短兵小下劈技术。

（4）540°转体腾空连击。

（5）自选套路（三）。

（6）3分钟小腿、头部、胸部的无限制实战（不戴任何护具）。转身、滚翻、跳跃、蹲姿结合各种短兵攻防的组合技术在实战中至少用到三种。

（7）自选兵舞2套。

晋段标准：

凡获得五段达2年以上，注重武德修养；在规定的考评中，进行理论考评；熟练掌握《双短兵教程》中的六段内容，在双短兵比赛中获得规定录取名次。两项技术考评成绩达54分以上，理论考评成绩达85分以上者，可申请晋升六段。

五、武英（七到九段）

武英指的是进行过长时间（30年以上）的武术双短兵训练，武德、武技、武理都有一定高度，并在武术双短兵事业上做出重大贡献达到自强者。

修习完成一到六段完整技术内容，经考试合格方可晋升七段。具体内容同中国武术高段位要求。

（一）七段

已经获得六段达6年及以上，能够系统地掌握武术双短兵的技术和理论体系，具备一定的创新思想，并在武术双短兵事业上取得一定的成就，如在省级及以上杂志公开发表武术双短兵论文5篇及以上；或出版过武术双短兵方面的专著一部及以上；或参加过全国武术双短兵比赛获得过冠军；或培养双短兵学生1000人以上；或武术双短兵推广省级单位1个以上；单位或在武术双短兵事业上做出过巨大贡献者，理论考评和答辩两项成绩达160分以上，且武德高尚者，可申请晋升七段。

（二）八段

能够系统并熟练地掌握武术双短兵的技术和理论体系，具备一定的创新思想，并在武术双短兵事业上取得一定的成就，如在省级及以上杂志公开发表武术双短兵论文10篇以上；或出版过武术双短兵方面的专著两部及以上；或参加过国际武术双短兵比赛获得过冠军；或培养双短兵学生万人以上；或武术双短兵推广省级单位3个以上；或在武术双短兵事业上做出过突出贡献者，理论考评和答辩两项成绩达170分以上，且武德高尚者，可申请晋升八段。

（三）九段

在对武术双短兵的技术和理论体系融会贯通的基础上，能够独创双短兵新技术及理论体系，并在武术双短兵事业上取得极高的成就，如在省级及以上杂志公开发表武术双短兵论文40篇以上；或出版过武术双短兵方面的专著三部及以上；或参加过国际武术双短兵比赛获得过冠军并培养双短兵学生万人及以上；或武术双短兵推广国家1个以上；或在武术双短兵事业上做出过卓越贡献且武德高尚者，可申请晋升九段。

第五章　现代武术双短兵教学

第一节　学校开展武术双短兵项目教学的可行性

一、由双短兵运动自身特点决定

首先，安全性。短兵器械内硬而有弹性，外部包裹柔软材料制成，击打到人体上不会造成伤害。技术技法上讲究点到为止、以控制短兵为主，使用短兵的上三分之一处击打得分。禁止击打要害部位（后脑和裆部）。有这些限制在不穿任何护具的条件下也绝对安全。

其次，观赏娱乐性。短兵对抗比赛精彩激烈，短兵套路表演整齐划一，还有体现中华民族特色的武术服装，加上振臂挥舞短兵时的喊声，让人赏心悦目。

最后，特殊的育人作用。短兵运动的礼仪教育要求参与者未曾习武先习德，以标准武术抱拳礼相互敬礼，做到沉着、冷静、坚毅、果敢、点到为止，尊重对方；要求修炼者把仁义、克己、敏学、笃行、经世致用、自强不息等精神融入短兵训练中，使参加短兵运动的人向着完美人格方向发展，这些在育人方面将起到特殊的教育作用。

二、学校开展双短兵运动所需设施要求较简单

短兵运动对体育场地的设施要求不高，直接利用校园、公园和野外一块平整场地就可以开展。这就解决了学校体育经费少、活动场地紧张、运动器材不足的问题。组织教学与训练时，只需要选择一块适合锻炼的空地，每人手执一对短兵器械即可训练。购买一对标准短兵器械大约在几十元钱人民币，普通消费者都能承担得了。

三、高校学生的生理特点适合参与双短兵运动

大学生二十岁左右，力量、速度、耐力、柔韧、灵敏等身体素质都达到最佳程度，在这个时期他们学练双短兵技术将是一件很容易的事情，经过短期训练，条件好者，双短兵技术将能达到很高水平。这将吸引更多的人参与到这项运动中来，有利于双短兵运动的发展。

总之，双短兵运动从观念上极大地拓展了体育课程的教学内容和教学手段，充分开发和利用多种体育课程资源，将对我国学校体育教学的深化改革和我国传统文化的传播及发展起到积极的推动作用。

第二节　不同年龄段双短兵的学习内容

一、6~9岁：兴趣教学

主要教学内容：

（1）懂得"仁义"精神；达到"自理"的要求。

（2）徒手素质内容：手腕前后仰角小于100°，转肩过杆小于20厘米（以个体肩宽为准），横叉、竖叉裆部离地面高度小于10厘米，坐位体前屈大于10厘米，后桥手脚距离小于50厘米，立定跳远80厘米以上，俯卧撑5个以上，仰卧起坐30个以上，单脚立定跨步1米以上，50米跑11秒以内。

（3）双短兵技术：掌握"三姿、四步、五技术"；双手短兵同时攻防的单练、对练套路；前三种短兵舞花技术；武学阶段的全部内容。

二、10~13岁：习惯教学

主要教学内容：

（1）懂得"仁义、克己"精神；达到"自理、自立"的要求。

（2）徒手素质内容：手腕前后仰角小于95°，转肩过杆小于15厘米（以个体肩宽为准），横叉、竖叉裆部离地面高度小于8厘米，坐位体前屈大于12厘米，后桥手脚距离小于40厘米。立定跳远150厘米以上，俯卧撑10个以上，仰卧起坐50个以上，单脚立定跨步120厘米以上，50米跑9.5秒以内。

（3）双短兵技术：掌握"三姿、四步、五技术"；双手短兵同时攻防的单练、对练套路；单手短兵分别进攻、防守的单练、对练套路；前六种短兵舞花技术；武学、武者阶段的全部内容。

三、14~17岁：基础教学

主要教学内容：

（1）懂得"仁义、克己、敏学"精神；达到"自理、自立、自信"的要求。

（2）徒手素质内容：手腕前后仰角小于90°，转肩过杆小于10厘米（以个体肩宽为准），横叉、竖叉裆部离地面高度小于5厘米，坐位体前屈大于15厘米，后桥手脚距离小于30厘米，立定跳远200厘米以上，俯卧撑20个以上，仰卧起坐80个以上，单脚立定跨步150厘米以上，50米跑9.0秒以内。

（3）短兵技术：掌握"三姿、四步、五技术"，双手短兵同时攻防的单练、对练套路；单手短兵分别进攻、防守的单练、对练套路；一短兵进攻另一短兵同时防守的单练、对练套路；前十种短兵舞花技术；武学、武者、武士阶段的全部内容。

四、18岁以上：功夫教学

主要教学内容：

（1）懂得"仁义、克己、敏学、笃行"精神；达到"自理、自立、自信、自强"的要求。

（2）徒手素质内容：手腕前后仰角小于90°，转肩过杆小于10厘米（以个体肩宽为准），横叉、竖叉裆部离地面高度小于5厘米，坐位体前屈大于15厘米，后桥手脚距离小于30厘米。立定跳远200厘米以上，俯卧撑20个以上，仰卧起坐50个以上，单脚立定跨步150厘米以上，50米跑8.5秒以内。

（3）短兵技术：掌握"三姿、四步、五技术"；双手短兵同时攻防的单练、对练套路；单手短兵分别进攻、防守的单练、对练套路；一短兵进攻另一短兵同时防守的单练、对练套路；前十种短兵舞花技术；武学、武者、武士、武英阶段的全部内容；同时要有创造性地开发新技术的能力，形成自己独特的技术特点。

第三节　学习武术双短兵的心理分析

一、学习动机

（一）学习动机概述

学生的一切活动都是由一定的动机引起的，学习动机是推动学生学习的一种内部动力，是激励学生从事学习活动的主观动因。只有激发学生的学习动机，才能调动其学习的积极性和主动性。正如高尔基所说："在生活中，没有任何东西比人的行动动机更重要，更珍奇的了。"

学生的学习动机是在学习需要的基础上产生的，学生对学习的需要是社会和教育对学生学习的客观要求在学生头脑中的反映，它常常以学生对学习的意向、愿望、兴趣等形式表现出来，对学习起着推动的作用。学生的学习动机一旦形成，就会对学习保持饱满的情绪，主动积极的态度，浓厚的兴趣，集中注意力去完成确定的志向。

学生的学习动机反映了社会和教育对学生学习的客观要求，所以，学习动机受学生所处的社会和教育条件的制约，在不同的社会和教育条件下，学生学习动机的内容、性质是有差别的，因此，学习动机具有明显的社会性。

在封建社会中，读书人常常为追求功名富贵、高官厚禄而手不释卷。在资本主义社会学生为追求一个好职业、赢得金钱名利而埋头攻读。只有在社会主义社会，学生的学习愿望才有可能摆脱私有制思想的束缚，产生符合人民要求的高尚的学习动机。

学习动机与学习目的，两者既有联系又有区别。学习动机是指引起学习的原因，学习目的是指学习活动所要达到的结果。从这个角度看，它们之间是因果关系，但学习动机和学习目的也可以相互转化，当学生把学习目的当成一种动力而参与学习活动时，学习目的就成了学习动机的组成部分。例如，一名学生想成为祖国的建设者，这是他的学习目的，当他为达到上述目

的而努力学习时，它又成了学习动机。

（二）学习动机的分类

学生的学习动机是多种多样的，由于生活条件和教育条件以及个人经历、思想和个性特点的差异，不同学生的学习动机存在着差异，而且同一名学生往往受多种动机的支配，但其中必然有一种是主导动机。随着年龄和情境的改变，起主导作用的学习动机也会发生变化。学生的学习动机可以从以下几个方面来分类。

（1）根据动机内容和性质的不同，可以把学习动机分为正确的学习动机和错误的学习动机。一切符合国家、人民利益需要，把学习同社会主义建设和共产主义建设作为动力的学习动机，都是正确的。一切违反国家、人民需要，以个人主义思想为学习动力的，都是错误的。但动机分类还要具体问题具体分析，比如"想取得好分数""争取老师表扬"等动机，对于少年儿童来说，虽然不那么"高尚"，但把它归为错误动机也是不适当的。

（2）根据动机内容指向性的不同，可以把学习动机分为间接的远景性动机和直接的近景性动机。间接的远景性动机是指向与社会意义相联系的学习动机，如为振兴中华，为实现祖国伟大复兴而学习等。直接的近景性动机是指向学习本身的学习动机，如"为了获得好成绩""为了得到老师表扬"而努力学习等。远景性动机与近景性动机是相互促进、互为补充的，只有远景性动机而没有近景性动机，远景性动机往往难以巩固和发展。只有近景性动机而无远景性动机，学习就难以持久而且容易迷失方向，两者有机结合起来，才能强有力并持久地推动学生的学习。

（3）根据动机在学习活动中所起作用的大小，还可以把动机分为主导动机和辅助动机。一名学生有时同时存在几种学习动机，其中必有一个起主导作用的动机，其他则是辅助动机，主导动机与辅助动机两者也是相辅相成的关系。教育工作者的任务就在于培养学生正确的、具有远大目标并为四化建设而学习的动机。

（三）学习动机与学习效果的关系

研究证明，学习动机具有提升学习效果的作用。成就动机强的比成就动机弱的更能坚持学习，学习更有成效。

学习动机是推动学习活动的动力，直接影响着学习的效果，这是许多实验研究和教育实践所证明的。例如，确立正确学习动机的学生，能够把自己的学习与社会主义四化建设事业联系起来，学习方向明确、意志力强，学习效果好。但是，有的学生学习动机好，短期内学习效果差，或者学习动机差但学习效果较好，这就是学习动机与学习效果存在不一致的情况，其原因是学习动机对学习效果的影响要通过许多中介因素而起作用。如学习动机好但短期内学习效果不好，可能是知识基础差或身体素质不好，或学习方法不当，或学习习惯不佳等原因造成的。学习动机差，但学习效果暂时好的情况，可能是由于上述条件较好，或具有强烈的直接兴趣。

教师应具体情况具体分析，从长远的学习效果和学习态度去判断学生的学习动机。

学习动机不仅影响学习效果，学习效果也可以反过来增强或削弱原有的学习动机，其反作用的大小，视原有动机的性质而定。

实验研究表明，学生及时了解自己的学习结果，考试成绩的好坏，习题解答的对错以及所学知识在应用中的成效等，都可以进一步增强其学习动机，从而提高学习效果。

（四）影响学习动机形成和发展的因素

社会、家庭和学校在学生学习动机的形成发展中起着重要的作用。学生的学习动机同他所处的社会环境、教育条件是有直接关系的，不同的社会环境和教育条件向学生提出不同的要求，而学生的学习动机总是要反映这些要求的。所以，在不同社会环境和教育条件的影响下，学生学习动机的内容、性质是不同的。社会的要求在许多情况下是通过家庭和学校提出来的，在学生学习动机的形成过程中，家庭的文化背景和家长的精神面貌起着极为重要的作用。因为儿童的学习动机在很大程度上体现了父母的要求、态度和

志向。

学生的年龄特征对学习动机的形成也有影响。学生的主导性学习动机是不断发展变化的，总的趋势是年龄越低，学习动机越具体，即以直接的近景性动机为主导性学习动机。这时，学生的学习更多的是受直接兴趣的影响，教学内容的生动性、方法的直观性、教师和家长的评价等都可以推动学生的学习，激发他们学习的积极性。

随着学生年龄的增长和知识经验的不断积累以及世界观的逐步形成，学生更自觉地意识到了学习的社会意义，其主导性学习动机就更具有社会性，与社会要求相适应的学习动机逐渐成为学生学习的主导性动机，而直接的近景性动机则成为辅助性的学习动机。

教师的影响对学生学习动机的形成也具有非常重要的作用，教师渊博的知识和严谨的治学态度，富有启发性的教学，提供最新科学信息的教学内容，会引起和增强学生的学习动机。反之，会抑制甚至破坏学生的学习动机，降低学习积极性。

班集体的学习风气，包括学习动机、学习态度、学习习惯等对学生学习的影响也很大，这种影响有时是积极的，有时是消极的。班集体积极的学习态度、正确的学习动机、良好的学习习惯对学生良好学习动机的形成具有促进作用。

此外，学生学习兴趣的广度和深度，意志品质、性格特征以及智力发展水平等，都对学习动机的形成有重要影响。

（五）学生从事体育运动动机的形成过程

根据有关资料表明，学生从事体育运动动机的形成过程是由低级向高级不断发展变化的。从学龄期开始从事运动到成人的高度运动水平，学习动机的发展变化一般要经过下列三个阶段。

1.开始从事运动阶段

儿童、少年最初参加体育运动，他们的动机具有直接性质，是为了在情绪上、魅力上以及身体活动上得到快感。表现为对运动的广泛爱好，不加选择地什么都想尝试，只是为了满足自己的直接兴趣，并没有参加专项运动的

愿望，他们从事某项运动，多数是由于周围自然环境和社会环境以及家庭的影响，而不是普遍尝试后的选择。

2.运动专项化阶段

随着年龄的增长以及较系统地进行体育知识、技能的学习，学生对从事运动的认识逐渐加深，对运动的激烈性、紧张性具有更为丰富的情绪体验，并且持有较高的自觉性和主动性。在这个阶段，学生开始对某项运动进行专门化的选择，产生了专项兴趣，并持有发展某专项运动的动机，以丰富自己专项运动知识，改进专项技术的愿望，从而达到较高的运动技术水平。

3.高度运动水平阶段

在这个阶段，学生从事运动的动机具有明显深刻的社会意义，这时学生已具有丰富的专项知识，某项运动成绩已达到较高的水平。在比赛中创造新纪录，争取集体荣誉，为国家和人民争光，是他们共同的愿望。

上述学生从事体育运动动机发展的各阶段，不能视为绝对的，后一阶段动机的某些特点也可能在前一阶段动机内部产生，在动机发展的不同阶段，同一动机也可能发生质的变化。一般认为，运动动机由低级向高级发展应具备下列条件。

（1）对原来所从事运动持有较高的自觉性。

（2）对运动的紧张性、激烈性有更为丰富的情绪体验。

（3）对运动项目具有专门化的选择。

（4）对某项运动知识有专门化的要求。

（5）对某项运动成绩得到迅速提高。

（六）学习动机的培养和激发

学习动机的培养和激发是两个相互联系又有区别的概念。学习动机的培养是指学生把社会和教育向他们提出的客观要求，转化为对待学习的一种积极态度。学习动机的激发是指把已经形成的学习需要充分调动起来。因此，首先是培养，然后才是激发，培养是激发的前提，激发的结果进一步强化了原有的学习需要，使已有的动机得到进一步巩固和强化。

培养与激发学习动机的具体措施如下。

1.进行学习目的教育，启发学习自觉性

学习的社会意义就是把学习与远大理想、革命建设的需要联系起来，激发学生去自觉地学习，提高学习的积极性，形成远景性学习动机。要使这种远景性动机与切实可行的具体目标结合起来，使客观要求转化为学生的学习需要。

2.利用已有动机迁移，使学生产生学习的需要

在学生没有认识到学习的社会意义而缺乏学习动力的情况下，可以利用学生已有对游戏、小说、故事等活动的动机与当前学习进行联系，把原有的动机迁移到当前的学习上，借用原有的动机激发学生当前的学习需要，使学生对学习产生直接兴趣，逐渐产生学习需要，形成正确的学习动机。

3.培养学生的求知欲和学习兴趣

培养学生的求知欲和学习兴趣，不仅可以使学生认识到知识对社会、对自己的意义，并产生学习的需要，而且也可以使学生产生愉快的情绪体验，进一步使学习需要深化。为此，教学中应使学生明确知识对社会主义建设的意义，组织学生参加实践活动，激发学生的求知欲，提高学生学习的积极性，从而强化学生的学习动机。

4.利用学习结果的反馈作用，树立学习的信心和决心

学生在学习中，及时了解自己的学习结果，自己所学知识的应用成效，解答问题的正误以及学习成绩的好坏等，都可以强化学生的学习动机。因为学生看到自己的进步，会激起进一步努力学习的愿望，看到自己的不足，也可以激起克服缺点的决心。

在利用反馈信息的作用时，教师的评定应力求公正，使学生保持对评定结果的信任，同时应注意多鼓励少批评。教师要及时告知其学习结果，要公正评定学生的学习结果，鼓励多于批评，充分发挥反馈信息在激发学生学习动机中的作用。

5.保持教学内容和方法新颖、生动，具有启发性

教学内容新颖，教法生动活泼，可以吸引学生的注意力，提高学习兴趣，并激发学生学习的积极性。枯燥无味的教学内容和呆板的教学方法会降低学生的学习兴趣，动摇其学习动机。在教学中，教学内容要丰富，要不断以新的知识激发学生探索的兴趣，教法生动、多变，使学生感到学习能得到

精神上的满足。教师要善于提出问题，启发学生积极思维，适当采用幻灯、录音、录像等现代化教学手段，激发学生的学习兴趣和学习动机。

6.适当开展竞赛活动，激发学生的进取心

竞赛是激发学生学习积极性的重要手段，竞赛可以激发学生的斗志，培养学生积极向上和克服困难的意志。

心理学家对运动员在竞赛条件下心理过程变化的研究资料证明，在竞赛条件下运动员的肌力活动、意志力有明显的增强。

特巴里对5千米滑雪和25分钟游泳、攀登、短距离赛车等项目的运动员做了实验研究，实验结果证明，其中84.8%的运动员在竞赛条件下成绩都有明显的提高。在自行车比赛中，在对手追赶情况下与没有对手追赶情况下的成绩表明：相同条件下，没有竞争者时平均所需时间是14秒4，有带头人时是14秒，有人追赶时是13秒6。可见，竞赛是激发运动员积极性的有效手段。

但是，过多地进行竞赛，甚至滥用竞赛，会加重学生的精神负担，有损学生身心健康，失去激励作用。所以，采用竞赛方法必须慎重、适当，要立足于调动学习的积极性，强化正确学习动机。

二、学习兴趣

（一）学习兴趣概述

从教育心理学的角度来说，学习兴趣是一个人倾向于认识、研究获得某种知识的心理特征，是可以推动人们求知的一种内在力量。学生对某一学科有兴趣，就会持续地专心致志地钻研它，从而提高学习效果。学习兴趣可以划分为直接兴趣与间接兴趣、个体兴趣与情境兴趣。

1.直接学习兴趣与间接学习兴趣

学习兴趣大体上可以分为直接学习兴趣与间接学习兴趣两种。前者是由所学材料或学习活动——学习过程本身直接引起的，后者是由学习活动的结果引起的。间接学习兴趣具有明显的自觉性。当一个人意识到学习的社会意

义或与自己的关系时，学习兴趣就随之产生。例如，为了集体的利益，意识到学习的目的或任务，因而支配自己去坚持学习。或者为了得到父母、教师的赞赏，同学、朋友的尊重，在考试中得到好分数，在竞赛中取得胜利，等等，也能引起学生对学习的兴趣。

直接学习兴趣与间接学习兴趣常常是融合在一起的，即既有直接学习兴趣的成分，又有间接学习兴趣的成分。其中，或以直接学习兴趣为主，或以间接学习兴趣为主，或两者难分主次。开始时对学习的间接兴趣在学习过程中很有可能逐渐转化为直接兴趣。对学习的直接兴趣若无特殊情况大多能长期持续下去，并且愈来愈浓厚。实践表明，对学习的直接兴趣是提高学习质量最有利的因素。

2.个体学习兴趣与情境学习兴趣

学习兴趣还可以分为个体兴趣与情境兴趣。一般认为，个体兴趣指的是随着时间的迁移而不断发展的、相对稳定持久且与某一特定主题或领域有关的动机取向、个人倾向或个人偏好，它与知识、价值观及积极感情相连。而情境兴趣则发生在环境中的某些条件刺激或特征具有吸引力并为个体所认识的那一刻。

（二）兴趣的发展过程

学习兴趣有一个发生、发展的过程，一般来说是从"有趣"开始，产生"兴趣"，然后向"志趣"发展的。

1.有趣——学习兴趣的初级形式

一般来说，人从儿时开始都带有一些"研究"精神。比如，小皮球拿在手里，他就要拍它、捏它、看它滚动，看它跳。从儿童眼光来看，宇宙中的万物，没有一种不是新鲜有趣，值得玩弄、观察、研究的。可见，有趣往往是人被客观世界吸引而产生的结果。

教师要从"有趣"开始，激发学生的学习兴趣。例如，初二物理讲到"沸腾与蒸发"一节时，教师这样激发学生的兴趣：教师在讲台上放一盏酒精灯，然后举起一张纸问："这张纸，放到点燃的酒精灯上会不会燃烧？""当然会。""那么，用纸折成一只盒子放在灯上会不会燃烧？""肯

定会。"教师将纸盒里装满了水，待纸盒湿透了，倒出水，放到点燃的酒精灯上，结果纸盒没有燃烧起来。学生说："这有什么稀奇，纸盒湿透了，当然不会烧起来。"教师问："为什么纸盒湿透了，就不会燃烧呢？"此时，学生已处于心求通而未得，口欲言而未能的"愤""悱"的状态，急切地等待教师讲解。这时已激起了学生浓厚的学习兴趣。老师这时讲授新课内容，教学效果必然会大大提高。

"有趣"有三个特征，即直观性、盲目性和广泛性。教师引发学生产生"有趣"要注意四点：一是问题要小而具体；二是问题要新而有趣；三是要有适当的难度；四是要富有启发性。

2.兴趣——学习兴趣的中级形式

研究表明，学习兴趣与学生的基础知识有关，只有那些学生想知道而又未知的东西才能激起学习兴趣。一种想要知道奥秘的愿望变成不可遏制的愿望，会激发人去行动。比如，伽利略年轻时，偶然看到教堂廊檐下挂的灯正在摆动，他出神地凝视着，觉得来往摆动的时间都一样，他按着自己的脉搏计算来往摆动的时间。这种学习兴趣最终使他发明了摆钟。

兴趣往往也称为爱好，沿着爱好深入下去，就会使专一的兴趣变成癖好。我们从一些科学家成才的例子中看到，一个天文学家，在学生时代夏夜纳凉，指北斗而定方向，按中星而记时辰，开始不过是觉得有趣而已。他进一步考察星座、认识星云、辨别行星、观测月球，见到四时不同，晨昏互异，兴趣就产生了。再进一步了解日食和月食的原理，查证光年的距离，并且发现火星上的"运河"。这样深入研究，趣味更浓，于是对天文学产生了兴趣。兴趣是一种高尚的情操，兴趣是追求真理的第一步。学生产生了学习兴趣，就能唤起他废寝忘食的学习劲头。兴趣具有专一性和坚持性的特点。

3.志趣——学习兴趣的高级形式

具有个性特征的学习兴趣，与高尚的理想和远大的奋斗目标相结合时，兴趣就发生了飞跃，而成为志趣。志趣是学习兴趣的归宿。志趣可以决定一个人的进取方向，奠定他事业的基础。因此，教师新颖有趣、逻辑性强的教学内容，丰富多样、生动活泼的教学方法和格式变化的作业内容都可以不断地引起学生新的探究兴趣，从而激发其更高水平的求知欲。

第四节 武术双短兵教学中的思政教育

一、武术与思政

武术是中华民族优秀传统体育项目，自古以来武术在社会的发展中都起到了不可替代的作用，素有"文能提笔安天下，武能上马定乾坤"的说法。通过武术项目的学习和训练，使学生在强健体魄的同时，强化爱国主义、集体主义、社会主义的教育，充分体现文明、和谐、公正、法治、爱国、诚信、友善、自由等社会主义核心价值观。用中国传统武术文化内涵来引领学生振奋民族精神，树立民族自信，达到使学生精忠报国、自强不息的教育目的。

武术课程与思政教育相结合，把社会主义核心价值观融入武术课程当中，充分发挥了武术在思政方面的教育作用，做到既能习武强身，又能明确正确的政治方向，把爱国主义、集体主义、社会主义融入武术课程教育当中，做到相互促进、共同提高。通过武术课程的感觉、视觉、听觉、语言、行动、思维等功能教育，全方位立体式提升思政教育质量，做到武术、思政两手抓、两手都要硬。

武术课程内容对培养学生的社会主义核心价值观具有一定的促进作用。社会主义核心价值观在武术课程的各个环节都能得到充分体现，教师要进一步完善武术课程的教学方法，针对思想消极、懦弱、内向、肢体动作不协调、不喜欢运动、身体素质较差的学生还需要研究更多的教学方法和手段，吸引他们积极参与到武术教学活动中来，提高他们的学习兴趣，达到武术课程思政教育的目的。

二、武术双短兵思政教学思路

在武术课程教学过程中，通过调动学生的感觉、视觉、听觉、语言、行动、思维等身体机能，全方面立体式地进行思政教育。具体如下：

（1）通过对教学环境的设计和布置，使学生产生爱国情怀。

（2）组织观看和参加国际武术比赛，激发学生爱国主义情感，使学生懂得文明、公正、法治、友善等价值观在武术竞技中的重要作用。

（3）训练中播放激情爱国歌曲，在提升训练积极性的同时，增强民族自豪感，树立民族自信，练好武术，保家卫国。

（4）武术课以礼始、以礼终，通过向国旗敬礼和极具民族特色的武术抱拳礼，使学生更好地继承中华民族传统文化，有爱国之心、报国之志，做到尊师重道。

（5）武术课程中通过呼喊爱国口号来达到言行一致、知行合一，充分体现诚信、敬业的社会主义核心价值观。

（6）穿和使用中国特色的武术服装和器具，更凸显中国特色。

三、武术双短兵思政教学方法及手段

（1）环境熏陶法：在武术教学场馆的布置上营造浓厚的武术文化氛围，学生一走进武术课堂就感受到有一种中国范。

（2）思想引领法：在理论上增加武术民族性的爱国主义教学内容。

（3）言行合一法：把爱国思想用语言配合肢体行动的方法在武术教学中充分表现出来。

四、武术双短兵课程思政具体内容及案例

在场馆设计和布置方面增加中国元素，如在最醒目和重要的位置悬挂中国国旗；在墙壁上悬挂"精忠报国、自强不息"等武术文化励志标语；摆放具有中国特色的武术短兵器材；张贴蕴含中国武术文化底蕴的短兵LOGO；摆放具有中国传统文化风格的标志物，如励志旗、诸葛笔、千里马等。

2019年11月11日，笔者组织运动员参加国际武术双短兵争霸赛，在比赛前，运动员上场要行短兵礼，然后给教练、裁判、对方教练敬武术礼，比赛双方互相敬武术礼，比赛裁判公正公平，尤其女子组50公斤级比赛，俄罗斯的艾雅对阵中国的穆静，她们场上是对手，场下是朋友，比赛尤为激烈，为了国家荣誉，双方都拼尽了全力。

在武术双短兵训练课上，笔者在准备活动中经常播放屠洪刚演唱的《精忠报国》、金波演唱的《中华武术》、于洋演唱的《功夫少年》等激情歌曲，学生每次训练都情绪高昂，训练效果特别显著。

武术的很多动作都用中国古代成语、典故、故事等命名，如霸王举鼎、女娲补天、大圣观海等，每一招就是一个中国故事，武术双短兵有几百招，也就有几百个中国故事，做到了"练好中国武术、讲好中国故事"。在武术套路演练时，配合动作喊出动作名称，无论在身体、气势和精神上都做到了扬我国威。

武术课前和课后都以武礼始、以武礼终，向国旗敬礼同时高呼"精忠报国、自强不息"，目的在于振奋学生精神的同时使学生产生爱国之心、报国之志，而且要用语言和行动表现出来；师生互敬武术礼，把中国传统文化中的孝、悌、忠、信、礼、义、廉、耻等内涵充分体现在武术课堂上，从而树立民族文化自信，尤其武术双短兵礼是在武术礼基础上的创新，更具有民族特色。武术课程把思政教育贯穿始终，教育的根本就是培养一个人的德行，武术项目更重视武德的教育。中华武术博大精深，一个"武"字能警示人们"止""戈"，可见中华民族具有博大的胸怀，倡导文明，促进和谐。

第六章　现代武术双短兵训练

第一节　武术双短兵竞技能力的身体训练

任何技术（知识）要变成自身的技能（能力），必然要经历初步学习技术到准确掌握技术要领直至娴熟应用技术这一过程。在学习武术双短兵技术的过程中，正确地掌握科学的训练方法，能快速、正确地学会该技术，少走弯路。

一、什么是身体训练

身体训练是指在运动训练过程中运用各种身体练习手段改善运动员的身体形态，提高有机体机能和健康水平以及发展运动素质的训练。

身体形态是指机体外部的形状。标志身体形态的指标有体重、身高、胸围、四肢围以及四肢与躯干长的比例等。

机体机能是指机体各器官系统的功能。机能是身体活动能力的基础，某一机能水平影响着运动时所需要的某一方面的能力。

健康是运动员正常参加训练活动的必要条件。

运动素质是指在中枢神经系统的指令下，机体在运动时所表现出来的各

种能力，通常包括力量、耐力、速度、柔韧和灵敏。这些能力是由机体的形态结构、机能水平、能量物质贮备及其代谢水平等决定的，并且是这些指标发展水平的综合表现。在运动训练中多以运动素质为主要身体训练内容。

身体训练包括一般身体训练和专项身体训练两方面。一般身体训练是指在运动训练中运用多种多样的非专项的身体练习手段所进行的旨在促进运动员身体健康、改善身体形态、提高器官系统的机能水平，全面发展各运动素质，为专项训练打基础的训练。专项身体训练是指在运动训练中采用与专项有紧密联系的专门性的身体练习手段所进行的旨在提高与专项成绩有直接关系的专项运动素质，以保证运动员在比赛中有效地运用专项技术、战术，创造优异运动成绩的训练。一般身体训练是专项身体训练的基础。

二、身体训练的基本要求

（一）在多年、全年训练中，要合理地、全面地、有计划地安排身体训练

在安排多年训练的不同阶段和全年训练各个时期时，应从训练内容、比重、负荷等方面对身体训练作出全面的安排。青少年儿童由于生长发育、机能发展在不同年龄阶段存在着不均衡性，运动素质出现各自发展的"敏感期"，因而就应抓住有利时机安排相应的身体训练，使各项运动素质得到适时的发展。

（二）身体训练的安排要根据训练对象、运动项目、训练时期的不同，做到因人、因项、因时而异

（1）因人而异：不同年龄阶段的运动员身体训练水平不同，原有基础不同，这就应根据每个运动员的具体情况安排不同内容、不同比例、不同负荷的身体训练，做到有的放矢。对少年儿童一方面要进行全面身体训练，另一

方面也要根据生长发育的阶段性规律，在不同年龄阶段安排相应的专项身体训练。对成年运动员除注意一般身体训练外，应根据他们的具体情况突出专项身体训练。

（2）因项而异：不同的专项运动对身体训练的要求不同。一般地，体能类项目对身体训练要求较高，其训练比例安排就应大些；而技能类项目，其身体训练比例安排就应小些。此外，由于每项运动专项成绩的提高依赖不同的运动素质，因此，必须根据运动员所从事的不同专项要求，合理地安排身体训练。

（3）因时而异：在不同的训练大周期、时期、阶段，应根据训练任务安排比例不同的身体训练内容。训练开始阶段全面身体训练比例要大些，接近比赛阶段，专项身体训练比例逐渐加大，其目的在于将全面身体训练效果转化到专项训练上去，以利于创造优异的运动成绩。

（三）身体训练内容与技术训练、战术训练、心理训练等相结合

现代训练力求用少而精的训练手段达到多种训练目的，在训练安排上力求把身体、技术、战术和心理训练结合起来，达到既练身体，也练技术、战术和练心理的目的。这样不仅可以节省训练时间，更重要的是可适应比赛实践的要求。另外，应经常检查身体训练的效果，使身体素质全面、协调发展。

三、武术双短兵一般身体素质训练

学习一个新的技术应遵循由浅入深、由简入繁的学习规律，学习武术双短兵也一样，人们在技能形成之前必须具备良好的身体素质和心理素质，掌握合理的技术方法，按照学习的规律合理地安排。

一般身体素质是指人体在体育运动、劳动和日常活动中，在中枢神经的调节下，各器官系统所表现出的各种技能的能力。在日常生活中，人们常说

某人力气大，某人跑得快，或者某人很灵活，某人耐久力强等，实际上这些能力都属于身体素质。

武术双短兵一般身体素质练习内容包括侧滑步、高抬膝关节、弓步走、双脚跳、单脚跳、跨步跳、婴儿爬、马儿跑、猩猩跳、螃蟹走、鳄鱼爬、青蛙跳、鸭子步、蹲姿前滚、站姿前滚、蹲姿侧滚、站姿侧滚、蹲姿后滚、站姿后滚、快速起动后加速跑、原地高抬膝关节后加速跑、180°转体后加速跑、360°转体后加速跑、540°转体后加速跑、720°转休后加速跑、立卧撑起立后加速跑、手触碰脚跟后加速跑、击掌后加速跑，以及腾空后做各种动作等。

四、武术双短兵专项身体素质训练

武术双短兵运动是双手分别持握相同短兵器械进行对抗的搏击运动。它具有灵活多变、快速敏捷、打击迅猛、神技合一等特点，要求练习者必须具备一定的力量、速度、耐力、柔韧、灵敏等身体素质。

（一）训练内容

在掌握"三姿""四步""五技术"的基础上，进行一种步法结合一种进攻技术的练习，一种步法结合一种攻防技术的练习，一种步法结合两种进攻技术的练习，一种步法结合多种攻防技术的练习，两种步法结合一种攻防技术的练习，两种步法结合两种或多种攻防技术的练习，几种步法结合几种攻防技术的组合练习等。根据练习者的自身情况，练习的兵器较比赛用的稍重一些较好，一个组合技术由少到多，循序渐进，每次训练最少60分钟。

（二）训练方法

教练示范后，喊口令组织学生进行单练练习；教练喊口令领做单练练

习；教练喂招，学生按次序循环练习；学生两人一组进行喂招练习；学生两人一组进行限制攻防练习；学生两人一组进行条件攻防练习；学生两人一组进行模拟实战练习；学生两人一组进行实战练习；多人循环实战练习；分组实战对抗比赛。

第二节　现代武术双短兵单操——单练和对练

一、双短兵同时攻、防的单练

1.持双短兵。2.双短兵礼。3.实战式。4.双手同时前滑步大下劈。5.双手同时前滑步大阳式斜砍，动作不停接阴式斜砍。6.双手同时前滑步大阳式横扫，动作不停接阴式横扫。7.双手同时前滑步直刺。8.后滑步双手同时上架。9.后滑步双手同时头侧挡。10.后滑步双手同时腿侧挡。11.后滑步双手同时上撩。12.实战式。13.双短兵礼。14.持双短兵。

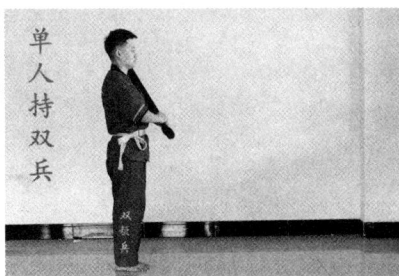

1

2

实战姿势

双手同时下劈

3

4

阳式双斜砍

阴式双斜砍

5

阳式双横扫

阴式双横扫

6

双手直刺

双手上架

7

8

| 9 | 10 |

| 11 | 12 |

| 13 | 14 |

图6-1　双短兵同时攻、防的单练

二、双短兵同时攻、防的对练

1.甲乙双方持双短兵相对站立。2.甲乙双方相互敬双短兵礼。3.甲乙双方右脚上步成实战式对峙。4.甲方前滑步双手同时大下劈乙方头部，乙方

中国武术双短兵

后滑步双手同时上架。5.甲方前滑步双手同时大阳式斜砍乙方头部，乙方后滑步双手同时短兵侧防头。6.甲方前滑步双手同时大阴式斜砍乙方头部，乙方后滑步双手同时短兵侧防头部。7.甲方前滑步双手同时大阳式横扫乙方小腿，乙方后滑步双手同时短兵侧防小腿。8.甲方前滑步双手同时大阴式横扫乙方小腿，乙方后滑步双手同时短兵侧防小腿。9.甲方前滑步双手同时直刺乙方胸部，乙方后滑步双手同时短兵上撩拦截。10.实战姿势。11.敬礼。12.持短兵站立。13.以上过程动作相同，甲乙相反，回到原位。

1

2

3

4

5

6

88

7

8

图9

图10

图11

图12

图6-2 双短兵同时攻、防的对练

三、双短兵同时一攻一防的单练

1.持双短兵。2.双短兵礼。3.实战式。4.左脚上步,左手短兵小下劈,右

手短兵同时上架。5.右脚上步，右手短兵阳式小斜砍，左手短兵同时立挡头部。6.左脚上步，左手短兵阳式小横扫，右手短兵同时立挡小腿侧。7.右脚上步，右手短兵直刺，左手短兵同时上撩。8.在退步当中双手短兵做如上动作，动作相同，回到原位。

1

2

3

4

5

6

7

图6-3　双短兵同时一攻一防的单练

四、双短兵同时一攻一防的对练

　　1.甲乙双方持双短兵相对站立。2.甲乙双方相互敬双短兵礼。3.甲乙双方右脚上步成实战式对峙。4.甲方左脚上步同时左手短兵大下劈对方头部，右手短兵上架头上方；乙方右脚后撤步右手短兵上架，左手短兵大下劈反击甲方头部。5.甲方右脚上步同时右手短兵大斜砍对方头部，左手短兵立挡头侧方；乙方左脚后撤步左手短兵立挡头侧，右手短兵大斜劈反击甲方头侧部。6.甲方左脚上步同时左手短兵大横扫对方小腿部，右手短兵立挡小腿侧方；乙方右脚后撤步右手短兵侧挡小腿侧，右手大横扫反击甲方小腿部。7.甲方右脚上步同时右手短兵直刺对方胸部，左手短兵胸前上撩；乙方左脚后撤步左手短兵胸前上撩，右手直刺甲方胸部。8.以上过程动作相同，甲乙相反，回到原位。

1   2

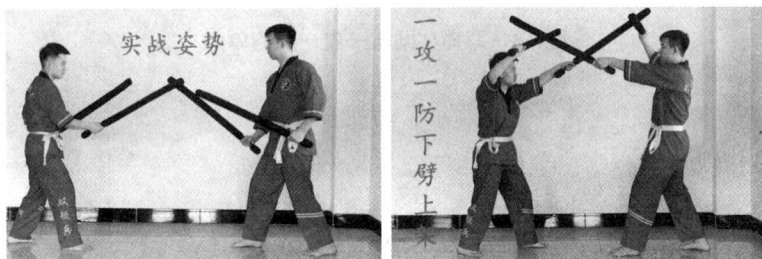

3   4

5   6

7

图6-4　双短兵同时一攻一防的对练

92

第三节　武术双短兵自选单操训练

一、第一套

（一）动作名称

1.双短兵礼。2.灵蛇出洞。3.阴阳同击。4.双龙绕柱。5.气贯长虹。6.怒砍蛟龙。7.排山倒海。8.拨云见日。9.巨蟒翻身。10.秦琼三锏。11.古树盘根。12.玉女梳头。13.哪吒探海。14.赤焰飞天。15.右砍蛟龙。16.扭转乾坤。17.天女散花。18.卧虎藏龙。19.白蛇吐信。20.流沙觉风。21.金鸡独立。22.蓄势待发。23.雷霆万钧。24.天女散花。25.开天辟地。26.灵蛇归洞。27.双短兵礼。

（二）动作过程及动作说明

1.双短兵礼
动作过程：

1　　　　　　　　　2

图6-5　双短兵礼

动作说明：左手以虎口处持一短兵，屈臂，使双短兵身贴小臂内侧，斜横于胸前，右手松握另一短兵附于左手短兵之上，左手拇指屈拢成斜侧立掌，以掌根附于双短兵手柄上（图6-5之1）。头向前微低于竖直面约30°角，两腕部与锁骨窝同高，肘略低于手，两臂外撑，目视受礼者（图6-5之2）。动作完成恢复到图6-5之1。

2.灵蛇出洞

动作过程：

| 1 | 2 | 3 | 4 |

图6-6　灵蛇出洞

动作说明：右脚向前上步，同时双手五指弯曲分别握住短兵柄，两臂分开使短兵分别立于身体两侧（图6-6之1）。动作不停，腰腹发力，使力到两肩、两肘、再到两手虎口向前下压，使短兵向前、向下经体侧向后绕立圆（图6-6之2、3）。动作不停，使双短兵经体侧至胸腹前，右手在前左手在后，目视前方，成右实战姿势（图6-6之4）。

3.阴阳同击

动作过程：

| 1 | 2 | 3 | 4 | 5 |

6　　　　　　7　　　　　　8　　　　　　9

图6-7　阴阳同击

动作说明：接上动，两臂屈肘压腕使双短兵体前交叉，左手短兵在上，屈腕使双短兵贴身体两侧向下、向后、向上、向前做立圆转动（图6-7之1、2、3）。动作不停，双短兵绕环经体前到身体两侧下方，手心相对，虎口向下，目视前方（图6-7之4）。动作不停，手臂放松，松腕屈肘使双短兵继续经身体两侧向后绕环（图6-7之5）。动作不停，继续腰发力带动肩、肩带肘、肘带手使双短兵由后向上向前绕环经面前两臂交叉于胸腹前，右手在上，目视前方（图6-7之6）。动作不停，图6-7之7、8、9的动作同图6-7之2、3、4，右手短兵在上。

4.双龙绕柱

动作过程：

1　　　　　　　　2　　　　　　　　3

图6-8　双龙绕柱

中国武术双短兵

动作说明：接上动，手臂放松，松腕屈肘使双短兵继续经身体两侧向后绕环（图6-8之1）。动作不停，继续腰发力带动肩、肩带肘、肘带手使双短兵由后向上向前绕环经面前两臂交叉于胸腹前，左手在上，目视前方（图6-8之2）。动作不停，双短兵向下、向后绕环至身体两侧，同时两膝关节微屈，身体含胸收腹右转90°，目视左手短兵（图6-8之3）。

5.气贯长虹

动作过程：

图6-9　气贯长虹

动作说明：接上动，身体右转90°，左腿向前上步成左弓步，同时双短兵随转体之势经体前水平交叉，左手向前，右手向后平扫，两手手心向下，目视前方。

6.怒砍蛟龙

动作过程：

1　　　　　　2　　　　　　3　　　　　　4　　　　　　5

图6-10 怒砍蛟龙

动作说明：接上动，身体重心前移，右脚向前并步，同时左手短兵贴近身体向下，右小臂外旋，屈肘松腕，使右手短兵置于身体后方（图6-10之1）。动作不停，右脚上步，同时转腰、收腹、含胸，右手短兵由右斜上方斜砍至左斜下方，左臂外旋，屈肘松腕，使短兵置于身后（图6-10之2）。动作不停，身体继续顺势左转90°，右手短兵到身体左后方，手心向后，眼看右手短兵（图6-10之3）。动作不停，右臂外旋，右手手心向外，使右手短兵由左后下经体前，随转体之势继续经左上斜砍至身体右下侧，身体随之右转180°，右手短兵动作不停继续贴身向后，置于身体右后方（图6-10之4、5、6、7）。动作不停，右臂外旋，松腕屈肘，使右手短兵收至右肩后方，同时左脚上步，左手短兵完成阳式大斜砍和阴式大斜砍动作。动作要领同右手，手脚相反（图6-10之8、9、10、11、12、13、14、15）。动作完成后右脚向前并脚，短兵置于两肩后上方（图6-10之16）。

7.排山倒海

动作过程：

| 1 | 2 | 3 | 4 |

| 5 | 6 | 7 | 8 |

| 9 | 10 | 11 | 12 |

| 13 | 14 | 15 |

图6-11　排山倒海

　　动作说明：右阳式横扫：右脚向前上步成右弓步，同时右臂翻腕外展于身体右侧，右手手心向上，左手持短兵于左肩上，目视右前方（图6-11之1）。上动不停，左手不变，右短兵继续经体前向左横扫至小腿高度，目视右短兵（图6-11之2）。左手短兵不变，右手短兵继续横扫，右脚扣脚同时转体成左弓步（图6-11之3）。左手不变，右小臂内旋，右手翻腕手心向下，使短兵贴于身体左侧（图6-11之4）。右阴式横扫：左手短兵不动，右手短兵按照右阳式横扫的反向路线横扫，旋臂翻腕于右肩上（图6-11之5、6、7、8）。左阳式横扫、左阴式横扫动作同右阳式、阴式横扫，动作相同，手脚相反（图6-11之9、10、11、12、13、14、15）。

　　8.拨云见日

　　动作过程：

| 1 | 2 | 3 | 4 |

5   6   7

图6-12　拨云见日

　　动作说明：接上动，右手短兵经面前向左缠头，左手短兵不动（图6-12之1）。动作不停，右脚向前上步，左脚向前插步，同时左手短兵经左肩、头上向右裹脑到右肩上方（图6-12之2、3、4、5）。动作不停，右手短兵随着转体动作同时向左横扫至左腋下（图6-12之6）。在转体的同时左手短兵经面前猛力由右向左横扫，同时重心下降，成骑龙步，眼看左手短兵（图6-12之7）。

　　9.巨蟒翻身

　　动作过程：

1   2   3

| 4 | 5 | 6 |

图6-13　巨蟒翻身

动作说明：接上动，左脚用力蹬地站起，翻身向右后转体180°，右脚收回半步，同时右手短兵随翻身动作从腋下经头上向后下斜砍，左手短兵随转体摆至左侧后下方（图6-13之1、2、3）。动作不停，右手短兵继续向斜下，左手短兵随摆到左侧肩后上方，左手短兵继续向上、经左肩上方向斜下，落于左腿侧，同时右手短兵经右腿侧，右臂外旋屈肘收至右肩上方（图6-13之4、5、6）。

10.秦琼三锏

动作过程：

| 1 | 2 | 3 | 4 | 5 | 6 |

图6-14　秦琼三锏

动作说明：接上动，右脚向前大跨步成右弓步，同时右手短兵向前小斜砍对方左头部，左手短兵旋臂屈肘收于左肩后上方（图6-14之1）。动

作不停，两腿不动，右手收于右肩前，左手短兵向前小斜砍对方右头部（图6-14之2）。动作不停，两腿不动，左手短兵收于左肩前，右手短兵向前小斜砍对方小腿（图6-14之3）。动作不停，左脚向前跨一大步，同时左手短兵向前小斜砍对方右头侧，右手短兵收于右肩前（图6-14之4）。图6-14之5同图6-14之2，图6-14之6同图6-14之3，左右手脚相反。

11.古树盘根

动作过程：

1　　　　2　　　　3　　　　4　　　　5

图6-15　古树盘根

动作说明：接上动，右脚经左脚后向前插步（图6-15之1）。右手短兵经体前下按至左膝下，手心向下，同时右手小臂外旋，手心朝上，使两短兵平行于地面（图6-15之2）。扣膝、合胯、转腰，身体右转360°，右脚向前成右弓步，同时右短兵在前左短兵在后随转体之势由左至右在膝关节下顺时针横扫一周（图6-15之3、4、5）。

12.玉女梳头

动作过程：

1　　　　　　2　　　　　　3

图6-16　玉女梳头

动作说明：接上动，右脚后撤半步，同时右手臂外旋，屈肘松腕，收右短兵于右肩后方，左手短兵由下向上摆至右胯侧（图6-16之1、2）。动作不停，右手短兵经右肩向左肩裹脑至左肩上方，左手短兵置于右腋下，同时上体左转90°（图6-16之3）。

13.哪吒探海

动作过程：

| 1 | 2 | 3（侧面） |

图6-17 哪吒探海

动作说明：接上动，左腿下蹲成右仆步，同时左手短兵不动，右手短兵经体前小臂内旋、手心向下向右脚方向横扫。

14.赤焰飞天

动作过程：

| 1 | 2 | 3 | 4 |

5   6   7   8

图6-18　赤焰飞天

动作说明：接上动，左腿蹬地站起，上体左转90°，左手短兵随转体之势由右腋下贴身带到身体左侧，手心由向下变成向后，同时右手短兵小臂外旋、手心向上由下向上撩，目视右手短兵（图6-18之1、2、3）。动作不停，上体继续左转90°，左臂外旋、右臂内旋使两短兵在左侧各逆时针划一大圈后，上体右转90°，右臂前伸，上体继续右转90°，右臂外旋、左臂内旋使两短兵在右侧各顺时针划一大圈再左转（图6-18之4、5、6、7、8）。再重复一遍。

15.右砍蛟龙

动作过程：

1   2   3

图6-19　右砍蛟龙

动作说明：接上动，右手短兵旋臂、屈肘松腕至右肩后上方，左手短兵于体前（图6-19之1）。动作不停，右脚向前上步，同时右手短兵由右上向左斜下斜砍，左手短兵顺带于体侧（图6-19之2、3）。

16.扭转乾坤

动作过程：

1　　　　2　　　　3　　　　4

5　　　　6　　　　7

图6-20　扭转乾坤

动作说明：接上动，身体经左向后转体，同时左脚提起向身后落步，右脚蹬地跳转使身体向左后转体360°，左手短兵随转体之势由体前经上向身后猛力斜砍，右手短兵随之向身体右后方摆动（图6-20之1、2、3、4、5）。动作不停，扣右膝、转腰，身体继续左转，同时右手短兵由后经右肩上向前下猛力斜砍，左手短兵随之后摆（图6-20之6、7）。

17.天女散花

动作过程：

图6-21　天女散花

动作说明：接上动，两脚原地不动，左手短兵由后上到前下，右手短兵由前下到左腋下，上体随之右转，两小臂相搭，左上右下（图6-21之1、2、3）。动作不停，双手沿逆时针方向继续舞动双短兵，各舞动一圈后两小臂交叉相搭，右上左下，随之向左侧转体（图6-21之4、5、6、7、8）。动作不停，上体右转，两手短兵同时沿顺时针方向舞动，右短兵由左后经上到右前下，左短兵由右前经下到左后上（图6-21之9、10、11）。

18.卧虎藏龙

动作过程：

| 1 | 2 | 3 |

图6-22　卧虎藏龙

动作说明：接上动，两脚原地不动，左手短兵由后上到前下，右手短兵由前下到左腋下，上体随之右转，两小臂相搭，左上右下（图6-22之1）。动作不停，身体左转，同时右脚向右前侧方上步，重心下降成骑龙步，两手短兵迅速分别向前后撑开，短兵垂直，目视前方（图6-22之2、3）。

19.白蛇吐信

动作过程：

| 1 | 2 |

图6-23　白蛇吐信

动作说明：接上动，身体站起，左脚后退一大步，成右弓步，右手短兵

向前刺出，左手短兵下压回拉到右腋下，目视刺击方向。

20.流沙觉风

动作过程：

图6-24　流沙觉风

动作说明：接上动，左脚撤回半步，同时向左后翻转身体180°，以腰带动两臂及双短兵，左手短兵随翻身之势向翻身方向劈打，同时右手短兵由后向上向前劈打，两短兵形成直线，短兵尖方向相反，眼看左手短兵（图6-24之1、2、3）。动作不停，身体继续左转再右转，双短兵同时各转一周，右手短兵在身体右侧沿逆时针方向，左手短兵前半圈在身体左侧沿顺时针方向，后半圈随转体在身体左侧沿逆时针方向，眼看左手，再看右手（图6-24之4、5、6）。重复两遍。

21.金鸡独立

动作过程：

图6-25　金鸡独立

动作说明：接上动，脚不动，右手短兵收回到右胯侧，左手短兵继续向左前上方伸直，眼看右手（图6-25之1）。动作稍停，紧接着右手短兵向右上方穿出，左手短兵回拉到胸前，同时左膝提起，眼看右手短兵尖（图6-25之2）。

22.蓄势待发

动作过程：

1　　　　　　　　　2

图6-26　蓄势待发

动作说明：接上动，左手腕上挑，小臂外旋，肘关节下压，使短兵尖指向左前方，眼看左手短兵尖方向（图6-26之1）。动作稍停，身体左转，左手短兵继续向前刺出，眼看左手短兵（图6-26之2）。

23.雷霆万钧

动作过程：

1　　　　　　　　　2　　　　　　　　　3

图6-27　雷霆万钧

动作说明：接上动，左脚用力蹬地跳起，右手短兵尽量向右肩后拉伸蓄力，在身体重心下落同时，右手短兵用力向下劈击，左手短兵放松收回。

24.天女散花

动作过程同17，方向相反。

25.开天辟地

动作过程：

1   2

图6-28　开天辟地

动作说明：接上动，两脚原地不动，左手短兵由后上到前下，右手短兵由前下到左腋下，上体随之右转，两小臂相搭，左上右下（图6-28之1）。动作不停，身体左转，同时左脚向前方上半步，重心下降成马步，两手短兵迅速分别向上，前后分开成左前右后，左手短兵平行于地面，右手短兵斜置于右后方，目视左前方（图6-28之1）。

26.灵蛇归洞

动作过程：

1   2

图6-29　灵蛇归洞

动作说明：接上动，身体重心移到左腿，同时收肩松臂，收短兵于身前。

27.双短兵礼

动作过程同1.双短兵礼。

二、第二套

（一）动作名称

1.双短兵礼。2.金刚怒目。3.转动阴阳。4.天地交错。5.仙女散花。6.拨云见日。7.赤焰飞天。8.扭转乾坤。9.开天辟地。10.斗转星移。11.横扫千军。12.单刀赴会。13.威震八方。14.日月同辉。15.席卷残云。16.乌龙摆尾。17.虎踞龙盘。18.袖里藏刀。19.流沙觉风。20.仙人指路。21.雷霆万钧。22.阴阳相济。23.左右逢源。24.顶天立地。25.鸾凤归巢。26.双短兵礼。

（二）动作过程及动作说明

1.双短兵礼

动作过程：

1　　　　　　2

图6-30　双短兵礼

动作说明：左手以虎口处持一短兵，屈臂，使双短兵身贴小臂内侧，斜横于胸前，右手松握另一短兵附于左手短兵之上，左手拇指屈拢成斜侧立掌，以掌根附于双短兵手柄上（图6-30之1）。头向前微低于竖直面约30°角，两腕部与锁骨窝同高，肘略低于手，两臂外撑，目视受礼者（图6-30之2）。动作完成恢复到图6-30之1。

2.金刚怒目
动作过程：

| 1 | 2 | 3 |

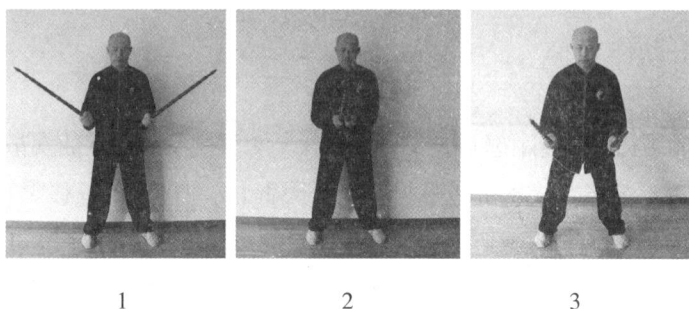

图6-31　金刚怒目

动作说明：左脚向左出步成左右开立步，同时双手分别握住两短兵柄部，双短兵左右分开（图6-31之1）。接上动，步型不变，双手短兵用力体前相击（图6-31之2），短兵相击同时发声助力。动作不停，两膝关节微屈下蹲，两短兵体前分开于腹前，目视前方（图6-31之3）。

3.转动阴阳
动作过程：

| 1 | 2 | 3 | 4 |

图6-32　转动阴阳

动作说明：接上动，两膝关节伸直使身体重心向上，同时提肩、屈肘、压腕，使双短兵向上经身体两侧向后，外旋小臂同时展腕向下，提腕使短兵贴身体两侧顺时针转动两周，双短兵置于两肩后（图6-32之1、2、3）。动作不停，双短兵再逆时针转动两周（图6-32之4）。

4.天地交错

动作过程：

图6-33 天地交错

动作说明：接上动，双手短兵向前交叉，左短兵在上（图6-33之1）；两短兵继续经体前向下（图6-33之2）；屈肘压腕使双短兵继续向下、向后、向上（图6-33之3、4）；动作不停，两小臂同时外旋带动手腕控制双短兵继续贴身体两侧向上、向前。右短兵在上，上述动作重复一次（图6-33之5、6、7、8、9、10）。恢复到图6-33之4。

5.仙女散花

动作过程：

1   2   3

4   5   6

图6-34　仙女散花

动作说明：接上动，身体右转，左手短兵由后向前左上，同时右短兵由后向右后下（图6-34之1）；动作不停，双短兵左在外逆时针、右在内顺时针经体前反向运动后交叉（图6-34之2）；动作继续，双短兵分别绕转一周，身体左转180°，动作与前面动作相同，方向相反（图6-34之3、4、5、6）。所有动作重复一次。

6.拨云见日

动作过程：

图6-35　拨云见日

动作说明：接上动，右手短兵经身体左侧缠头到左腋下，随之左手短兵由左侧裹脑经右肩上到身体左侧（图6-35之1、2、3、4、5、6）；动作不停，左手短兵经身体右侧缠头到右腋下，随之右手短兵经左肩上到身体右侧（图6-35之7、8、9、10、11）；1～10动作重复一次后左膝成跪步，上体稍前倾，目视右短兵（图6-35之12）。

7.赤焰飞天

动作过程：

| 1 | 2 | 3 | 4 |

| 5 | 6 | 7 | 8 |

图6-36　赤焰飞天

动作说明：接上动，左脚向前上步，双短兵随之在身体两侧同时各舞花一次（图6-36之1、2、3、4）；动作不停，右脚向前上步，双短兵随之在身体两侧同时各舞花两次（图6-36之5、6、7、8）。

8.扭转乾坤

动作过程：

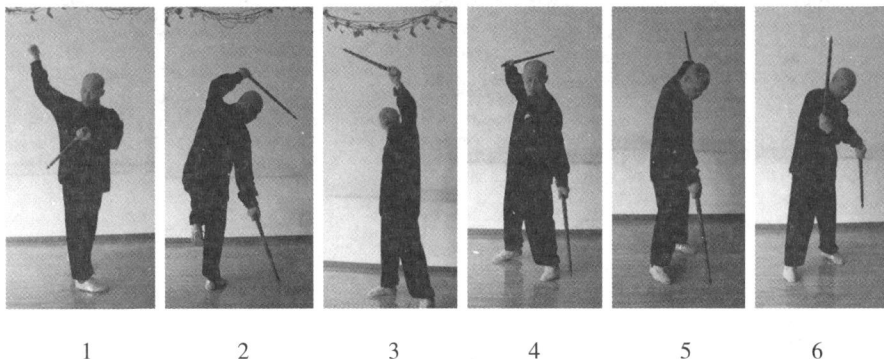

| 1 | 2 | 3 | 4 | 5 | 6 |

图6-37 扭转乾坤

动作说明：接上动，右脚内扣，向左后转身，左手短兵随转身之势上撩于头上（图6-37之1）；动作不停，左膝提起，右脚用力蹬地跳起，向左后旋腰转体360°，在腾空转体瞬间左手短兵由右上向左下斜击（图6-37之2、3、4、5）；左脚落地后，右脚迅速跟步，右短兵顺势猛力斜砍，左手短兵随之后摆（图6-37之6）。注：此动作在两脚落地前完成最佳。

9.开天辟地

动作过程：

| 1 | 2 | 3 | 4 | 5 | 6 |

7   8   9

图6-38 开天辟地

动作说明：接上动，右脚站稳后，左手短兵在外右手短兵在内，在体侧做一次仙女散花动作（图6-38之1、2、3、4）；动作不停，两脚不动，右手在外左手在内，在体侧做一次仙女散花的动作（图6-38之5、6）；动作不停，左脚向前并步，左右手交叉，左手在外右手在内，上体左转，眼看左手（图6-38之7）；动作不停，上体左转，双短兵经体前交叉，向左侧两短兵向前后分开，手心向上，同时迅速转头，目视左短兵（图6-38之8、9）。

10.斗转星移

动作过程：

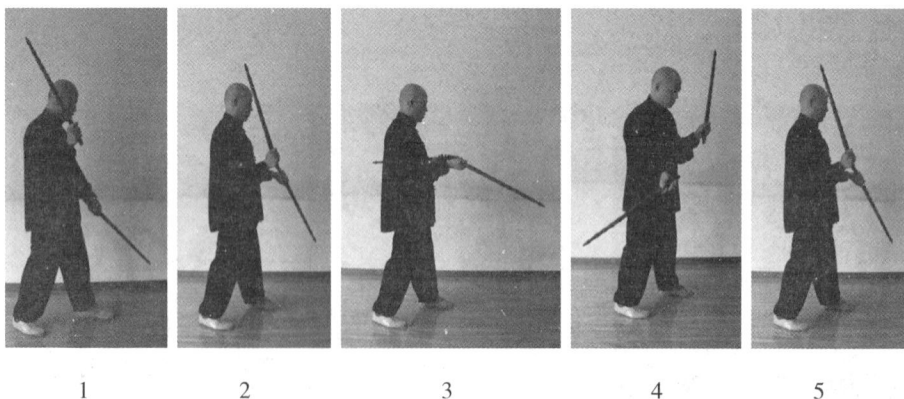

1   2   3   4   5

6　　　　　7　　　　　8　　　　　9　　　　　10

11　　　　　12　　　　　13　　　　　14　　　　　15

图6-39　斗转星移

动作说明：接上动，左脚收回成前后开立步，左脚在前，双短兵同时逆时针转动舞花各一周（图6-39之1、2、3、4、5），再重复一次；动作不停，右脚上步，同时右臂屈肘、小臂内旋、卷腕使右短兵收到右腋下，同时左手短兵小臂内旋继续逆时针舞花（图6-39之6）；动作不停，迅速向左后方转体180°，转体后使双短兵沿着顺时针方向舞动不停（图6-39之7、8、9、10），再重复一次；动作不停，右脚上步同时身体向左后转体180°，同时右短兵经肩上随转体之势继续向前沿着逆时针方向舞动，同时左短兵经小臂屈肘、内旋随转体之势转变为逆时针方向舞动（图6-39之11、12、13、14、15）；动作不停，左右短兵互换再做一次，每次转体方向相反，手脚动作反向。

119

11.横扫千军

动作过程：

| 1 | 2 | 3 | 4 | 5 |

| 6 | 7 | 8 | 9 | 10 |

| 11 | 12 | 13 | 14 | 15 |

16 17 18 19 20

21 22 23 24

25 26 27

图6-40 横扫千军

动作说明：接上动，双短兵收到两腋下，同时向右转体90°（图6-40之

1、2、3）；动作不停，两脚不动，上体左转90°再转回，同时右肘伸直、提腕、小臂外旋，再屈肘、小臂内旋、压腕，使右手短兵随上体右转90°，同时由右腋下经身体右侧到头上，横扫一周后再收到右腋下，目视右短兵（图6-40之4、5、6、7、8、9）；左短兵在腋下不动；动作不停，左侧动作与右侧相同，两脚不动，方向相反（图6-40之10、11、12、13、14、15、16）；动作不停，以左脚为轴，右脚撤步，身体右转90°，随转体之势两短兵动作与原地动作相同（图6-40之17、18、19、20、21）；动作不停，右脚上步后以右脚为轴，身体左转180°，随转体之势两短兵动作与原地动作相同（图6-40之22、23、24、25、26、27）。

12.单刀赴会

动作过程：

| 1 | 2 | 3 | 4 | 5 |

| 6 | 7 | 8 | 9 | 10 |

图6-41　单刀赴会

动作说明：接上动，身体继续右转180°，右短兵同时随着转体之势经头侧上方通过小臂外旋松腕贴身体右侧向后上逆时针转一圈（图6-41之1、2、3、4），左手短兵不动；动作不停，右短兵经右小臂内旋卷腕收回到右腋下（图6-41之5）；动作不停，右短兵不动，左手短兵动作同以上右短兵动作，方向相反（图6-41之6、7、8、9、10）。

13.威震八方

动作过程：

1　　　　　　　2　　　　　　　3　　　　　　　4

5　　　　　　　6　　　　　　　7　　　　　　　8

图6-42　威震八方

动作说明：接上动，左右短兵同时做单刀赴会动作，注意左右手协调配合，手腕放松，力从腰发。动作重复5遍。

14.日月同辉

动作过程：

1　　　　　　　2　　　　　　　3　　　　　　　4

5　　　　　　　　　6　　　　　　　　　7

图6-43　日月同辉

动作说明：接上动，双短兵收到左右腋下，含胸低头，目视双短兵柄（图6-43之1）；动作不停，提肩、带臂、转手腕，使双短兵在身体左右两侧向后上，左手逆时针、右手顺时针转动一圈半，收双短兵于双肩后（图6-43之2、3、4）；动作不停，身体后仰，双短兵同时经身体两侧向前下斜砍于体前（图6-43之5、6、7）。

15.席卷残云

动作过程：

1　　　　　　2　　　　　　3　　　　　　4

5　　　　　　　　6　　　　　　　　7

8　　　　　　　　9

图6-44　席卷残云

动作说明：接上动，双短兵相叠收到腹前（图6-44之1）；动作不停，上体前屈，屈膝、低头、弯腰、右肩着地做前滚翻（图6-44之2、3、4）；动作不停，左脚踩地，右膝关节跪地，同时左短兵在体前由右向左横扫对方小

腿后上架于头上，右短兵紧接着由右向左横扫小腿，再由左向右横扫对方小腿（图6-44之5、6、7、8、9）。

16.乌龙摆尾

动作过程：

图6-45　乌龙摆尾

动作说明：接上动，左膝跪地，向左后转体180°后变成右膝跪地，左短兵下落，右短兵做缠头动作，同时左短兵向前横扫（图6-45之1、2、3）；动

作不停，左短兵继续做裹脑动作，同时右短兵横扫至左腋下（图6-45之4）；动作不停，左短兵做裹脑动作后继续向前横扫至身体左侧（图6-45之5），眼看左短兵；动作不停，右膝跪地，随右后转体180°的同时变成左膝跪地，其余动作与上面动作相同，方向相反（图6-45之6、7、8、9、10、11）。

17.虎踞龙盘

动作过程：

1　　　　　　　　　　2

图6-46　虎踞龙盘

动作说明：接上动，右手短兵由左向前向后横扫（图6-46之1）；动作不停，右短兵做缠头动作置于右肩后，左手短兵不动（图6-46之2）。

18.袖里藏刀

动作过程：

1　　　　　　2　　　　　　3　　　　　　4

图6-47　袖里藏刀

动作说明：接上动，右脚用力蹬地站起，提左膝（图6-47之1）；动作不停，左脚用力跺脚的同时左短兵由右腋下向前横扫（图6-47之2）；动作不停，右膝提起向前落地成右弓步，同时右短兵向前下劈，左短兵收回右腋下（图6-47之3、4）；脚下不动，双短兵动作重复一次。

19.流沙觉风

动作过程：

1   2   3   4   5   6

图6-48   流沙觉风

动作说明：接上动，身体向后翻身180°，随翻身之势双短兵同时直臂贴身体两侧抡立圆，左短兵由体前半圈、再到体后半圈、再到体前半圈，最后到体前，短兵离部向前，右短兵在体前一圈后至肩后，眼看左短兵离部。

20.仙人指路

动作过程：

1   2

图6-49   仙人指路

动作说明：接上动，右膝向上提起，双短兵不动（图6-49之1）；动作不停，右膝慢慢向后摆动，展腹，同时左短兵向前直刺，右短兵肩后蓄力，目视左短兵离部（图6-49之2）。

21.雷霆万钧

动作过程：

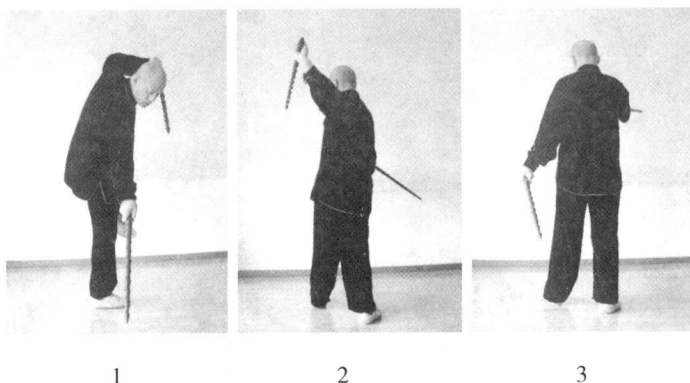

1   2   3

图6-50 雷霆万钧

动作说明：接上动，身体左转，右脚用力跺脚落地，同时右短兵由肩后向前下方猛力斜砍，左短兵自然带回（图6-50之1）；动作不停，身体随着动作惯性转体180°，左右短兵随之摆动（图6-50之2、3）。

22.阴阳相济

动作过程：

1   2   3   4

图6-51　阴阳相济

动作说明：接上动，右脚上步，同时双短兵随转体之势在两腋下按右短兵逆时针、左短兵逆时针的方向各平转一周，两小臂同时内旋，两手腕同时提腕再压腕，使双短兵运于两肩上（图6-51之1、2、3）；动作不停，右脚内扣，身体左转180°，两短兵按右手顺时针、左手逆时针的方向同时在两臂上平转一周，两小臂同时外旋，两手腕同时压腕再提腕，使双短兵运于两腋下（图6-51之4、5、6）；左脚退步，随之转体，1—6动作重复一次，再原地不动重复一次（图6-51之7、8、9、10、11、12）。

23.左右逢源

动作过程：

图6-52　左右逢源

动作说明：接上动，右短兵由右肩上向左腋下斜砍，收到左腋下，左短兵不动，上体左转90°（图6-52之1、2、3）；动作不停，上体右转180°，右短兵由左腋下向右肩上撩，同时左手短兵由左肩上向右腋下斜砍（图6-52之4、5、6）。

24.顶天立地

动作过程：

图6-53　顶天立地

动作说明：接上动，左手短兵向前横截，同时右手短兵向后上撩，两手手心向下，两腿成右弓步，目视左短兵方向。

25.鸾凤还巢

动作过程：

图6-54　鸾凤还巢

动作说明：接上动，左脚收到右脚侧，双短兵收抱于左肩前。

26.双短兵礼

动作过程：

图6-55　双短兵礼

动作说明：同1.双短兵礼。

第四节　现代武术双短兵比赛得分
技术辅助训练

在短兵格斗实战中，对必备的腕力、移动、距离感、反应能力、准确性等诸要素要有专门针对性的有效训练手段。任何一项专项技术，除了直接用于攻防的基本技术外，辅助练习，特别是专门性辅助练习是必不可缺的。在某种意义上，专门性辅助练习的程度大小对技术的优劣起着决定性作用。当某一技法和某一招式及其一个微小的技能通过直接性的技术训练而不能提高时，往往通过某一专门性辅助练习加以训练，就会收到事半功倍的效果。一位好的教练或是好的教师，他的不同凡响之处往往也在于此。例如，同一技

术的训练，在训练进程中，滞而不前时，好的教练就有法子通过难关，使其向前、向上发展。这好"法子"就在于不同形式、不同方法、不同手段的专门性辅助练习。谁都知晓，在任何一个项目中的任何一项技术在对抗中差别都是显著的。当然，无可讳言的是，造成技术差异的因素很多，但在同等条件下，不同的执教者会带来差异很大的不同结果。短兵自不例外。尽管在器制上这是一项新型的武术短兵刃的格斗项目，但它是历史久远的中国古代双手短兵器技法的延续，而且由于器制上的变化和演进，更能表达和发挥内容浩大、技法奥妙的中国传统双短兵技法。在历史长河中，先辈们十分重视传授，更珍视他们新采用的法子，对此往往是秘而不传、隐而不宣的。这就是社会上人们所称的"秘传"，实际上最主要、最根本的就是能够解决问题，提高技术，达到优于他人的那个"法子"。这就是我们通常讲的"训练手段"。此手段大多涵盖于专门性辅助练习之中。综观各项竞技比赛，或是训练场所，经常听教练大声呵斥运动员："快！""进！""退！"等。谁都晓得"快打迟""长打短""多打少""准打疏"等。但是，为什么快不起来？为什么打不长、打不准呢？教练员应思索的是如何才能快？如何才能打得长、打得准？这是鉴别教练水平和教练道行的关键所在。专门性辅助练习，正是解决这一问题的主要内容和手段之一。而且在训练过程中占据很重要的位置。本节将一些行之有效的训练手段、训练方法叙述如下。

一、上肢及腕部练习

双短兵包含双刀、双剑、双锏、双鞭、双棍等短兵刃，为此，手腕的功力、灵活、敏捷是运用各种招法的关键所在。为提高手腕所需的功力，应有相应有效的操练手段，这是不可忽视的训练因素。为增强短兵运动员相应部位的素质，使用较重器械进行训练。取长度略长于短兵（长3～5厘米），重量为短兵一倍以上的棍棒进行练习。

（1）原地体侧同时画圈。双手持短兵于体侧，以腕为轴在体侧抡立圆，抡摆方向同时向前，同时向后，也可以一前一后反方向抡摆。两脚平行开

立，也可前后站立。

要点提示：伸臂松腕，以腕为轴。画圆时，大拇指和食指、中指主要控制短兵，其余两指辅助。

（2）前后开立步体前同时交叉抡摆。体前向前抡摆交叉画圈，两臂持短兵于体侧，同时经体前向前向下交叉，再向左后、向右后贴身画立圆，两臂再交叉恢复原位，体前交叉点左手持棒在上，右手持棒在下，第二次立圆反之，高与肩平，目视前方。体前向后抡摆交叉画圆的摆动方向与之相反，方法相同。体前同时交叉反向抡摆，要领与体前同时交叉抡摆要领相同，两手短兵抡摆方向相反。

要点提示：两手臂伸臂松腕，以腕为轴。挥动短兵贴身经身体左右两侧成立圆前劈，注意松腕松肩，放长探远。试做时，原地进行，待动作熟练后，可在移动中进行。

二、下肢及综合能力训练

在快速移动、灵活多变的短兵实战中，对下肢的素质及短兵的运用控制等综合能力提出了更高的要求。

（1）前后跳跟步组合练习。前后跳跟步：两脚前后站立，脚尖向前，后脚脚跟抬起稍离地面，两脚前后距离一脚远，目视前方，重心放于两腿中间。前跳步是前脚向前跳进约15厘米，后脚随即跟上15厘米，两脚始终保持一脚距离。后跳步是后脚先向后跳步约15厘米，前脚跟随15厘米，两脚保持一脚距离。前后跳跟步结合劈、砍、扫、刺、撩五大进攻技法和架、挡、拦截等防守技法的综合练习，双短兵可以同时进攻，同时防守，一短兵进攻另一短兵防守等。

要点提示：前后跳跟步要求跳步轻盈，跟步迅速，两脚距离始终不变。双手短兵技术与步法要协调配合，一气呵成。

作用：经过反复练习提高腿部的弹跳力、灵敏性、协调性、连贯性、进攻速度，达到人体与短兵器械的合二为一，形成完整性。

（2）左右弓并步结合劈、砍、扫、刺、撩五大技法的练习。左右弓并步：两脚平行站立，相距约30厘米，双短兵端于胸前，成预备式。左脚向左跳步成左弓步，身体左转，右手短兵进攻，左手防守；再跳回两脚平行实战式，右脚向右跳步成右弓步，身体右转，随转体之势左手短兵进攻，右手防守，进攻短兵可以使用五大技术中的任一种，防守技术防上、下均可。

要点提示：跳弓步和转体的同时双手短兵进行攻防，力量达到顶点，要控制好短兵，并步的同时双短兵回到预备式。

作用：增加腰胯的灵活度和力量，增强上下相随和控制短兵的能力。

（3）跳弓步短兵攻防练习。为了以最快速度接近被攻击的目标，该项技术练习尤为重要，在弓步跃起的同时，弓步腿同侧手臂运用短兵进攻，弓步脚落地瞬间，短兵攻击动作已经完成，重心可以向前，也可以向后，短兵继续攻防。跳弓步攻防可以单击一次，也可以连续组合攻防。

三、打靶练习

通过打击近似短兵的实物——棍或棒，操习接触实物的技能，使自己手中的短兵具有"触实感"，又不致使出手的招法触实而走形，触实而失措。同时，在击靶的过程中，进一步规范招法动作，体验其技术要领。采用这一辅助训练手段，对进入实战，强化招法运用的实效能力十分有效。

操练方法为，甲乙两人结伴而习。甲方持1.5米左右的棍或棒，面对乙方设靶而立，根据比赛攻击部位来设定靶位置，乙方持短兵（或短棍）以下劈、斜砍、横扫、直刺、上撩等招法打击甲方所持棍靶。

（1）横靶练习。所谓横靶者，即持设靶一方以实战方向正对对方，并将靶棍横置于头顶上方部位，供对方攻击。设靶时，可用双手持靶棍，亦可单手持靶棍。此种靶位设置更接近于实战双方的实际，它可供下劈招法练习。初练时，先以单招为主，逐步进至复招、多招练习。其步法，先定步原地练习，待动作逐步规范、正确和熟练后，进而移动练习。做靶一方，主动进退，迫使对方调整距离，做出准确的反应。

（2）竖靶练习。设靶者屈臂将棍靶立于身体两侧，棍靶头向上，做防头或上体的靶位，亦可以棍靶头向下，做防下体的靶位，击靶者采用斜砍、横扫等技术方法，原地或配合各种步法进行打靶练习，与横靶相同，可由单招逐步到复招，最后到多招练习。

（3）斜靶练习。设靶者屈臂将棍靶斜立于头顶上方，棍靶头斜向上方，做防头或上体的靶位，亦可以棍靶头斜向下，做防下体的靶位，击靶者采用下劈、斜砍、横扫、上挑等技术方法，原地或配合各种步法进行打靶练习，与横靶相同，可由单招逐步到复招，最后到多招练习。

（4）点靶练习。取直径大于训练短兵的棍靶，棍靶头指向练习者，练习者拉开适当的距离，采用直刺技术准确打击棍靶头的部位，原地或配合各种步法进行打靶练习。

（5）轮胎靶练习。取一淘汰的汽车轮胎悬挂于一人高度，练习者双手持短兵采用下劈、斜砍、横扫、直刺、上撩等招法打击轮胎靶的各个部位，原地或配合各种步法进行打靶练习，先单招再复招最后组合。

（6）击悬垂球靶训练法。击悬垂球靶，就是设置框架，将球用绳垂吊于一定高度，这一高度可根据习练者的身高而定，悬吊于与胸腹平高度为宜，球与球之间以相间1.5米左右为宜，其依据是应以平行之间互不相扰为原则。练习时，可一球一人，也可相对而练，两人一球。

短兵技术的辅助性练习在技术发展中还可以开发出更新颖、效果更好、更实用的方法，希望参与该项目研究的人共同努力，为中国短兵事业的发展贡献力量。

第五节　武术双短兵训练中常见运动损伤与急救

在武术双短兵运动过程中，由于所使用的器械是安全器械，对技术也有一定的要求，在比赛规则的范围内进行运动，因此双短兵项目是非常安全的运动项目。同时，双短兵项目又经过无数次的安全性实践验证，都充分说明了该项目的安全性。但在一些特殊条件下，如动作不当或者准备活动不充分等，也可能造成一些运动损伤。

一、擦伤

双短兵运动在平时训练和比赛过程中由于器械的安全性很强，所以用到的护具较少，还经常做一些滚翻类动作，身体与地面接触时，容易造成小面积的轻微擦伤。

（一）征象

机体表面与粗糙的物体相互摩擦而引起的皮肤表层损害，称为擦伤。主要征象为表皮剥脱，有小出血点和组织液渗出。伤口无感染则易干燥结痂而愈；伤口有感染，则局部可发生化脓、有分泌物。

（二）处理

小面积的擦伤，用1%～2%红汞或1%～2%龙胆紫涂抹；面部擦伤宜涂抹0.1%新苯扎氯铵溶液。

擦伤面积大，伤口深，易受污染，需用碘伏或医用酒精在伤口周围消毒，用生理盐水棉球清除伤口异物，外敷生理盐水或1‰雷夫奴尔纱布，再用绷带包扎。

二、挫伤

双短兵运动是搏击项目，使用安全短兵器械对人体有效部位击打后可得分，在击打过程中由于动作控制不好和击打目标不准确等因素，可能造成轻微挫伤。武术双短兵运动中会出现运动员之间身体撞击或被短兵器械击伤等情况。人体某部遭受钝性暴力作用而引起该处及其深部组织的闭合性损伤，称为挫伤。

（一）征象

单纯肌肉挫伤，轻者局部仅有疼痛、压痛、肿胀、功能障碍。重者，可因皮下出血形成血肿或瘀斑，疼痛和功能障碍都较明显。

复杂性挫伤是一种较为严重的损伤，如头部挫伤，轻者可发生脑震荡，严重者可有颅骨骨折或合并脑挫伤而危及运动员的生命；胸、背部挫伤可合并肋骨骨折或肺脏损伤，形成气胸或血胸；腰、腹部挫伤可合并肾挫伤和肝、脾破裂而引起内出血和休克；睾丸挫伤可因剧烈疼痛而引起休克；股四头肌、腓肠肌的严重挫伤，据受力大小和受伤部位判断伤势的轻重。

（二）处理

单纯性挫伤在局部冷敷后外敷新伤药，加压包扎、抬高患肢，头部、躯干部和睾丸挫伤有休克症状出现者应首先进行抗休克处理，保温、止痛、止血、矫正休克后，立即送医院治疗，有肌肉、肌腱断裂者，应将肢体包扎固定后送医院治疗。

（三）预防

在双短兵运动训练和竞技比赛时，应认真检查比赛用品的安全性，对易伤部位加强必要的保护，提高运动员的自我保护能力，穿戴好必要的保护装置，改进不科学且容易造成挫伤的技术动作，裁判严格执法，禁止使用粗野及犯规动作。

三、肌肉拉伤

肌肉主动强烈的收缩或被动过度的拉长所造成的肌肉微细损伤、肌肉部分撕裂或完全断裂，称为肌肉拉伤。

在武术双短兵运动中，准备活动要充分，按动作由慢到快、由简单到复杂、由轻到重的顺序进行，使身体机能逐步进入工作状态，才能更好地为接下来的运动创造条件。准备活动不当，某部位肌肉的生理机能尚未达到适应运动所需的状态；训练水平不够，肌肉的弹性和力量较差；疲劳或过度负荷，使肌肉的机能下降，力量减弱，协调性降低；错误的技术动作或运动时注意力不集中；动作过猛或粗暴；气温过低，湿度太大；场地或器械的质量不良；等等，这些都可以引起肌肉拉伤。

在完成各种动作时，肌肉主动猛烈地收缩超过了肌肉本身的负担能力；或突然被动地过度拉长，超过了它的伸展性，都可能发生拉伤。

在双短兵运动中，大腿后群肌肉的拉伤最为常见，近些年研究材料表明，大腿前后群肌肉力量不平衡（正常约为2∶1）；左右侧同名肌力量不平衡，弱侧容易受伤。多关节肌（如半腱肌、半膜肌、股二头肌长头）因其运动协调能力较低，也容易发生拉伤。

大腿内收肌、腰背肌、腹直肌、小腿三头肌、上臂肌都是肌肉拉伤的易发部位，与运动技术动作有密切关系。

（一）征象

身体局部肌肉出现肌肉紧张、发硬、痉挛、疼痛、压痛、肿胀、功能障碍。当受伤肌肉主动收缩或被动拉长时疼痛加重。肌肉收缩抗阻力试验阳性，即疼痛加剧或有断裂的凹陷出现。有些伤员伤时有疼痛、撕裂样感，肿胀明显及皮下淤血严重，触摸局部有凹陷及一端异常隆起者，可能为肌肉断裂。

（二）处理

肌纤维轻度拉伤及肌痉挛者，用针刺疗法会取得显著疗效。肌纤维部分断裂者，早期冷敷、加压包扎，还要把患肢放在使受伤肌肉松弛的位置以减轻疼痛。48小时后开始按摩，手法要轻缓。怀疑有肌肉、肌腱完全断裂者，应在局部加压包扎，固定患肢，立即送医院确诊，必要时还要接受手术治疗。

（三）伤后训练

部分断裂者，局部停训2～3天，健肢及其他部位可以继续活动。以后逐步进行功能锻炼，但避免做那些重复受伤的动作。一周后可逐渐增加肌肉的力量和柔韧性练习。在做伸展练习时以不增加伤部疼痛为度。大约10～15天后，症状基本消除，可逐渐进行正规训练。训练时伤部必须使用保护支持带，并做好充分准备活动。

肌肉、肌腱完全断裂或撕脱骨折者，应立即停止训练，完全休息，积极治疗，伤后训练和专项训练都应在医生指导下进行。

（四）预防

注意加强屈肌和易伤部位肌肉的力量和柔韧性练习，使屈肌和伸肌的力量达到相对平衡，这是防止肌肉拉伤的有效措施。同时，应做好充分准备活

动，合理安排运动量，纠正和改进动作和技术上的缺点等，这样才能达到预防的目的。

四、损伤性腱鞘炎

腱鞘又称滑液鞘，它是由双层滑膜构成的长管形纤维组织，两层之间有滑液，内层覆盖于肌腱表面，外层借助纤维组织附着在肌腱周围的韧带及骨面上，肌腱鞘的作用是减少肌腱活动时的摩擦。人的肌腱鞘主要分布在跨越手指、手腕、踝关节等部位的肌腱上。此外，肱二头肌长头腱也有腱鞘存在。

由于肌肉反复收缩牵拉肌腱，腱鞘受到过度摩擦或挤压而发生损伤引起腱鞘炎。于是腱鞘水肿、变性、增厚，甚至发生软骨性变，致使管腔狭窄，肌腱受到绞勒呈葫芦状膨大。这个肌腱膨大的部分要通过狭窄的管腔会发生困难。在外力帮助下，肌腱膨大部分强行挤过狭窄带就会发生弹响，称为狭窄性腱鞘炎。腱鞘炎易发部位有腕桡骨茎突部（拇短伸肌和拇长展肌总腱鞘）、手掌的掌指关节部（拇长屈肌和屈指肌腱鞘）、内踝后方（长屈肌或胫后肌腱鞘）、外踝后方（腓骨长、短肌总腱鞘），以及肩前部的肱二头肌长头腱鞘等。

（一）原因和原理

损伤性腱鞘炎的发生多与运动项目特点和训练组织不当使局部组织劳损有着密切关系。例如，双短兵阳式劈、抽动作，都有手背伸并向桡侧倾斜，使拇短伸肌与拇长展肌腱在桡骨茎突部弯曲约105°，并在狭窄的沟内来回滑动，不断摩擦，从而引起桡骨茎突部腱鞘炎；双短兵练习经常用足尖跳步运动，容易发生腓骨长短肌、胫骨后肌、趾长屈肌腱腱鞘炎。

（二）征象

所有损伤性腱鞘炎的症状基本相似，只是发生的部位不同，主要有以下征象。

（1）疼痛和压痛：在急性期更为明显，如桡骨茎突部腱鞘炎，则在桡骨茎突部有疼痛和压痛，疼痛有时向同侧肩、肘部和全手放射，局部皮下可触及一腱鞘肥厚发硬肿块；手指屈肌腱腱鞘炎，则在掌指关节或指间关节掌侧部有疼痛和压痛，其疼痛可向同侧腕部放射，但病程长者疼痛可消失，仅遗留弹响现象；肱二头肌长头肌腱腱鞘炎，在肩关节前部肱骨结节间沟处有明显疼痛和压痛，上臂外展上举做反弓动作时疼痛加剧，其疼痛可向上臂的前方和三角肌下放射，踝部腱鞘炎，由于病变的部位不同，其疼痛和压痛的表现各异，如胫骨前肌、趾长伸肌腱腱鞘炎，表现为踝前部疼痛和压痛；腓骨长、短肌腱腱鞘炎为外踝后部疼痛和压痛；胫骨后肌、拇长屈肌、趾长屈肌腱腱鞘炎，则为内踝后部疼痛和压痛。

（2）肿胀：急性期局部肿胀明显，病程长者则肿胀减轻或消失，仅遗有腱鞘增厚发硬现象。

（3）功能障碍：急性期由于局部炎性病变，活动时疼痛加剧而引起；慢性期则因腱鞘增厚、管腔狭窄，使活动不便所致。

（三）处理

急性期局部应休息或制动，积极治疗，以免发展为慢性。对一般患者则应减少局部的活动，适当改变训练的内容和方法，有利于提高疗效。一般应在活动时局部无疼痛的情况下才能从事原项目的正规训练。同时，可采用局部热敷或中药熏洗，并配合按摩和关节的屈伸活动，每日1~2次，效果较好。取阿是穴作针刺或艾灸，也有一定疗效。慢性期痛点局限，用泼尼松鞘内注射，效果显著。若腱鞘增厚，交锁严重或软骨变性，可酌情采用手术疗法。

（四）预防

合理安排训练，防止局部过度负荷，运动前后做好充分准备活动和局部放松运动，同时配合运动后按摩和热敷，对预防有积极作用。

五、肘关节内侧软组织损伤

肘关节内侧软组织损伤系指屈手肌群和旋前圆肌在肱骨内上髁附着区及肘内侧韧带的损伤。偶有合并肱骨内上髁撕脱骨折。

（一）原因和原理

前臂突然被迫外展、旋后，或屈手肌群和旋前圆肌突然收缩，使肘部肌肉、韧带牵拉扭动所致。

使用双短兵器械做阳式"抽"击动作时，双短兵器械的反作用力迫使前臂突然外展、旋后（被动损伤），是容易造成这类损伤的典型动作。

（二）征象

大多数患者有急性受伤史，伤后肘内侧疼痛，肘关节伸展活动稍受限制，有时会感到肘关节发软。局部肿胀，组织撕裂则出现皮下淤血。肘内侧压痛，多在肱骨内上髁和屈腕肌群或旋前圆肌的起始部。肘关节被动外展出现疼痛为韧带损伤；屈肘、屈腕、前臂旋前时疼痛加重为肌肉损伤。

（三）处理

急性期患肢休息。症状缓解之后可用泼尼松将痛点封闭，效果良好。理疗、外敷中药或按摩都能收到较好的疗效。按摩手法有推、揉、分筋、理

筋、点穴，肘关节屈伸运动等。

（四）伤后训练

急性期过去后局部疼痛基本消失才能开始训练，要经2～3周才能正式练习，逐渐增加运动量和负荷强度。避免做重复受伤动作的练习。

伤后安排不当，活动过早，容易造成关节松弛及慢性损伤，因此要加强前臂肌肉力量及伸展性练习。练习时要使用保护工具，如护肘及粘膏支持带。

（五）预防

做好准备活动，加强屈手肌群力量练习，提高专项技术水平，纠正错误动作，加强保护等。

六、掌指关节、指间关节扭伤

掌指和指间关节由掌骨与第一节指骨及一、二、三各节指骨构成，关节囊背侧松弛，关节两侧有侧副韧带加固以限制侧向运动。

（一）原因

手指受到侧方外力冲击而致伤。如使用短兵器械做转腕舞花时，可引起侧副韧带或关节囊损伤。关节扭伤常发生于中指、无名指、小指等第二关节。

（二）征象

受伤关节的伤侧疼痛、肿胀、压痛、无畸形，关节活动轻微受限，伸屈

不灵活。如韧带完整，则关节稳定，无异常活动；如受伤关节明显肿胀，关节畸形，运动受限，失稳，提示可能发生关节脱位。

此外，将伸指肌腱末端撕裂误诊为指间关节扭伤者屡见不鲜，值得重视。前者的典型征象是末节指间关节呈30°～50°屈曲畸形，不能做伸直运动，常合并末节指骨基底背侧有小骨片撕脱。此种损伤又称为"锤状指"，应与扭伤相区别。

（三）处理

轻度扭伤，关节稳定性正常者，可于微屈位轻轻拔伸牵引，外擦舒活酒，轻捏数次，不揉、不扳，然后用粘膏将靠近伤侧的健指连同患指固定在一起。第三天开始练习主动屈伸，继续外擦舒活酒。

扭伤稍有侧方活动者，宜用一块弓形小夹板放在掌侧，然后开始练习关节伸、屈。患指固定于半屈位，有时也可采用上述粘膏固定法，3周以后开始练习关节伸、屈。

扭伤有明显异常侧方活动或"锤状指"者，应及时送骨科处理。

鼓励病员积极练习掌指关节屈伸，严格避免对患指做被动性暴力扳伸和强行屈曲。解除固定后可用中药熏洗或理疗。

（四）伤后训练

固定治疗期间，只需停止手指易于触碰运动器材的活动。解除固定以后至手指伸屈功能完全恢复以前，以及轻度扭伤需要继续参加比赛者，宜用黏膏支持带对患指加以保护，以限制受伤关节活动范围过大，避免损伤加重。

（五）预防

凡手部运动较多的专项运动员，应加强双手协调一致的快速屈伸练习、握力练习、手指触地俯卧撑练习等，以增强掌指和指间关节的稳定性与灵活性，提高技术水平，运动中思想应集中，避免做仓促动作。

第七章　武术双短兵搏击对抗

第一节　双短兵搏击五要素

战场上血肉之搏，面对歹徒生死之搏，竞技场上胜负之搏，武者切磋输赢之搏，无论哪种搏，胜者所采用的手段都离不开搏击五要素。

一、心理素质

搏击者较好的心理素质是制胜的关键，心理素质包括情、意、神、胆、狠。

（1）情，是指交手时根据敌情而打。对手有多少、强弱之分。要根据对手的不同情况采取不同打法。敌变我变，不可拘于成法，即为打情的妙用。

（2）意，是按自己的心意去打。与人交手时，先想把对方打到什么程度，切磋、竞技取胜则止，战场肉搏需彻底制胜顽敌。交手后要能按自己的想法打，此为打意之法。

（3）神，指交手时自己要有龙虎之神，用精神、眼神夺敌手之神。古来搏击高手均能双目吐神威，目光如电，将对方逼住，解去对方功力。未曾交手先夺神，历来是搏击的高级手段。

（4）胆，指搏击者的胆量。凡与人交手务先壮胆。盖胆者心之辅，胆壮则不慌，内家绝手十八纲中的胆纲说："习武要有杀人心，胆壮心狠能胜人。发时不怕头落地，死里求生肝胆真。"说明了胆量的重要性。但竞技和切磋武艺不能过分强调"杀人心"，更不能存有"杀人心"。

（5）狠，指下手狠打不留情。打狠主要以功力伤人要害部位或穴位。上打咽喉下打阴，左右两肋奔中心。头取眉间耳两边，天灵盖下一命完。与人交手从来就是"快打慢、狠打善、长打短、硬打软"十二字。在与敌人斗争中要狠，在竞技和切磋中要提倡拼搏，力争点到为止，尊重对方，应避免致人伤残，更不能置人死地。

二、身体素质

身体素质指搏击者的身体运动能力，包括力量、速度、耐力、柔韧、灵敏、抗打能力等。搏击不同于其他一些体育运动，它要求修炼者必须具有较全面的身体素质，缺一不可。身体每一运动部位都应具有较高运动能力，较强的素质能力是搏击实战中克敌制胜的重要因素之一，每位搏击高手在平时训练中应多加强素质能力训练，以提高实战搏击能力。

三、技术能力

技术是武术的精华，各门派都有自己的技击方法，风格各异，招法千变万化。各种搏击实战都是随时变化的，没有固定模式，在对抗中应根据对手的特点和当时的情况采取相应的搏击技术，切不可生搬硬套，循规守旧。无论采用哪一门派的搏击技术，都应达到纯熟，熟能生巧，以至无我状态。

四、距离

搏击中适当的距离是正常发挥技术的前提。现代武器的战争尚需考虑距离，更何况冷兵器时代和肉搏呢？一寸长一寸强，讲的就是距离。在没有武器的情况下，间隔数丈，能举手投足间令人伤残，那是神话，是违背科学原理的。因此，在实战对抗中要讲究距离，短者近身、长者远离是搏击之道。无论摔、打、擒、拿等哪种技术，都需要适当的距离方能发挥其效用。

五、时机

时机指在对抗中进攻、防守、反击的各种机会。在搏击中双方实力悬殊的情况下，弱者如果把握住机会，击中强者要害，也可能导致强者大败。双方实力相当时，就看哪一方能把握住时机。

搏击不仅是一种身体和生命的搏斗，同时也是一种思维和智慧的斗争。每位善搏者都应重视心理和体力的训练，内外兼修，达成统一。熟练本门派的搏击技术，调节好攻击实战距离，把握住进攻、防守、反击的时机，这样才能使武者立于不败之地。

第二节　双短兵搏击运动中合理的呼吸方法

搏击是一种激烈的同场对抗性体育运动，要求修炼者在完成动作时全身协调配合，同时配以合理的呼吸，使呼吸与动作结构达成统一，内外兼修，有利于提高搏击水平及充分发挥人体潜能，从而在搏击场上立于不败之地。

一、以口代鼻或口鼻并用的呼吸法

在搏击运动中采用以口代鼻或口鼻并用的呼吸方法，其利有三。

（1）减少肺通气阻力，增加通气量。

（2）减少呼吸肌为克服阻力而增加的额外负担，延缓疲劳出现。

（3）暴露布满血管的口腔潮湿面，增加散热途径。

但应注意，在气温较低的严寒季节里进行运动时，尽可能使吸入空气经由口腔加温再通过咽喉而经气管进入肺。

二、节制呼吸频率，加大呼吸深度，提高肺泡通气量

从运动时加强呼吸的情况看，可采用增加呼吸频率和增加呼吸深度两种方式。进行剧烈的搏击运动时，呼吸频率和肺通气迅速上升，而呼吸深度反而变浅，出现呼吸表浅，似有吸不足、呼不出，产生胸闷及呼吸困难的不适感。与此同时，由于呼吸肌收缩过快，受到无氧代谢能力限制，只能发挥很小的收缩力量，因此恶性循环，氧债越积越多，呼吸肌很快疲劳，终使运动速度下降，处于被动。呼吸道是约为 150 毫升的无效腔，运动时无效腔容量可因呼吸加强而被动扩展为 400～600～1000 毫升。若呼吸频率太快，呼吸深度太浅，吸入气迂回无效腔的量增加而实际进入肺泡腔的量相对减少，妨碍运动时的肺泡通气功能。但呼吸过程过慢，也能限制肺通气进一步提高，仍可导致肺换气功能受阻。上述两种情况均能增加呼吸肌的额外负担，增加其氧消耗，容易导致疲劳。有意识地采取适宜的呼吸频率和较大的呼吸深度是很重要的。一般搏击运动的呼吸频率不宜超过 60 次/分。

三、呼吸方法应适应技术动作变换的需要

搏击为非周期性运动，原则上是在完成两臂前屈、外展、外旋、扩胸、提肩或展体时采取吸气比较有利。做与上述动作相反的练习时，采取呼气比较顺当，即坚持开吸合呼、吸起呼落的原则。

四、合理运用憋气

在或深或浅的吸气之后，紧闭声门，尽力做呼气运动，称为憋气。搏击运动中合理运用憋气十分重要。合理的憋气有助于搏击者力量和速度的正常发挥。搏击中采取以下方法进行憋气较为有利。

（1）憋气前的吸气不要太深。

（2）深吸气后的憋气可微启声门，当呼气肌强劲收缩压迫胸腔时，让呼吸道中的少许气体有节制地从声门挤出，即发出"嗨"声呼气。

（3）在动作起动前吸气，动作过程中憋气，动作将完成时呼气。

搏击运动中采取上述呼吸方法，有利于提高呼吸系统的生理机能；节省能量消耗；辅助各种搏击动作顺畅进行；增加动作的力量和速度，使内外结合，充分发挥搏击能力，成为内外兼修的搏击高手。

第三节　武术双短兵搏击对抗中速度的提高

"快"是技击制胜之道，唯快才能避敌之锋，乘敌之隙，出其不意、攻其不备。速度是技击的三大要素之一，三大要素即进击速度、打击强度、攻

击目标。要想提高博击能力，那么就应在速度素质上下功夫。

速度素质是指人体进行快速运动的能力。速度包括反应速度、动作速度和位移速度。反应速度是指人体对刺激发生反应的快慢，如对抗中从看到目标到起动的时间。动作速度是指完成单个动作的时间长短，如双短兵下劈动作的攻击速度。位移速度指通过一定距离所用的时间，如相互对峙中的近身速度。

一、提高反应速度

反应时决定反应速度的快慢。对抗中主要是用眼睛观察获得攻防信息，通过中枢神经判断，再把信息传到肌肉，肌肉开始收缩这段时间属于反应时。要缩短反应速度必须缩短反应时，要求修炼者必须做到如下几点。

（1）提高视觉的敏感程度。例如，多做一些观察练习，看到目标之后做出相应动作的训练，也可多进行两人或多人的攻防模拟练习。

（2）简化中枢神经的反射活动。因为反射活动愈复杂，历经的突触愈多，反应也就愈慢。这就要求攻防动作结构不宜过于复杂，不宜几个动作同时做，这样集中精力于一点，势必能提高反应速度，所以攻防动作要至简至用。

（3）使各攻防器官肌肉处于一定有准备状态。这时的反应时可以比肌肉无准备状态时的反应时缩短7%。

（4）反应速度还决定条件反射的巩固程度。攻防动作越熟练，反应速度和动作速度越快。

二、提高动作速度

人体骨骼肌纤维分为白肌纤维（快缩肌）和红肌纤维（慢缩肌）两种类型。快缩肌组成比例多的人动作快，慢缩肌组成比例多的人动作慢。关于运

动训练能否改变两种肌纤维的比例，尚无定论，有待进一步研究。所以要提高动作速度应从以下几方面考虑。

（1）多做一些能增加白肌纤维面积及肌肉力量的训练。如：进行强负荷、动作快、重复次数少的素质训练。

（2）增强运动器官肌纤维的兴奋性。搏击比赛前应做好准备活动。一般来说，准备活动的量与强度应较正式运动小，以免由于疲劳影响运动成绩。通常以微微出汗及自感已活动开为宜。

（3）加强运动关节及韧带的柔韧性。因为人体关节都是由骨、骨骼肌、肌腱组成并支撑的，而骨骼肌属于随意肌，直接受大脑中枢神经支配完成伸缩运动，一旦肌肉不够柔韧或僵硬，就很难快速地按神经系统的命令在瞬间灵活完成动作。这样一来，攻防动作迟缓也就在所难免了。

三、加快位移速度

（1）提高各中枢间的协调性。因为运动技能越巩固，各协同肌群及对抗肌群间的协调就越能得到改善，从而减少因对抗肌群的紧张而产生的阻力，提高运动部位肌群的能动力，加快位移速度。

（2）配合不同部位动作的协调。人体移动多数靠腿的动作完成，腿部肌肉的协调很重要，但腰部及上肢等的动作协调配合也很重要，如向前垫步时要配合摆臂、转腰，这样动作才能协调快速。否则动作将变得呆板僵硬，影响位移速度。

（3）重视肌肉的合理放松。如果不会放松，总是憋着劲，全身肌肉紧绷着必然消耗大量高能磷酸化合物（三磷酸腺苷等能量物质），若不能及时得到补充，全身肌肉就会疲劳、僵硬，从而影响动作协调性，减慢位移速度。

总之，搏击场上谁的反应速度、动作速度、位移速度更快，谁的取胜概率就会更大一些。而要想达到"心动情则应，意动势则成"的搏击高级境界，也必须提高自身的速度素质。

第四节　武术双短兵搏击对抗中智力的提升

搏击实战或比赛，不仅是搏斗双方体能和技术的对垒，而且也是智力的较量。通过科学的训练，人的体能和技术能够改善，但绝不是无休止的。正如我们不能要求每名田径运动员都去打破世界纪录一样。当人体肌肉、器官的负担能力达到极限，体能和技术发挥也就到了尽头。这时，要想提高搏击能力，就应该重视智力的发展。

两个实力悬殊的人对抗有时会发生戏剧性的结局，那就是实力较弱的人反而成为获胜者。其实，稍微分析一下并没什么奥秘，无非是获胜者多动了些脑筋，或者说"智力挖掘得深一些"。为了提高搏击智力，要求每位搏击者必须做到以下几点。

一、树立自信心

武谚云："一胆二力三功夫。"充分强调了搏击者胆量的重要性，也就是肯定了大脑思维的作用。在激烈的搏击过程中，心理活动自始至终制约着搏击者。搏击者的良好心理是训练的结果，可以这样理解：训练的过程，实际上就是培养自信心的过程。

在平时训练之前，意想几遍你训练的目标，这样可以提高你的训练积极性，努力刻苦地参与到训练当中，从而为牢固地掌握搏击技术奠定思想基础。

在搏击对抗中则应树立"有敌似无敌"的思想。所谓"有敌似无敌"，并非轻敌之意，要战胜对手，必须从战略上藐视它。狭路相逢勇者胜，如一交战，便被对方的神威吓倒，视对手为庞然大物，就会使你瞻前顾后而不敢迎敌，惊慌失措而不能对敌，于是反应迟钝不能克敌，这在战略上便输给了对方。就算你有再好的技击术，也难发挥出来，而最终为敌所克。所以，应敌时要遵循"有敌似无敌"的战略原则，要有临危不惧的大无畏精神和坚强

的必胜信心，这样与敌搏斗才能予以重创。

二、想与练结合

在平时修炼中，无论空击还是击物，都应假定自己与对手处于搏斗状态，并设想对手各种不同的技术特点和战术打法。然后，根据对手的情况，有针对性地采用各种方法，逐一进行破解练习。例如，假设对手主动抢攻，你即进行闪躲进攻，或先用阻截还击，进而强攻硬取，这种想与练结合的方法既可增强你的搏击意识，又可使你正确掌握一些具体的打斗方法。

三、配合喂招

请同伴选用各种打法，并给你喂招，你则进行相应的战术练习。例如，同伴主动双短兵劈击打来，你可以左、右侧闪躲反击，或进行招架还击练习。配合喂招，可促使你熟练地掌握各种打法，提高对各种战术的运用能力。

四、模拟实战

选择不同的对手进行有控制的实战对抗，如请高个的对手，或矮个的对手，或善于主动连续进攻的对手，或长于防守和反击的对手，或经验丰富的对手，或缺乏搏击经验的对手等。通过和不同的对手抗衡，可以提高你的应变能力。

五、战例分析

经常观看比赛或比赛录像，选择一些较好的成功经验进行反复地研究，同时对失败的教训进行总结，从而对这些搏击方法加深印象，为能灵活运用这些搏击方法奠定基础。

六、实战磨炼

经常与各种不同的对手进行真枪实弹的对抗练习，这样可以检验你的搏击技术、体能和搏击智力等综合能力，积累实战经验，提高临场发挥的能力。

在平时修炼或对抗中，要树立自信心，然后经过想练结合、配合喂招、模拟实战、战例分析、实战磨炼等环节修炼，搏击智力一定会得到质的飞跃。在瞬息万变的搏击场上具备了充沛的体能、高超的搏击技术、良好的搏击智力，便能占得取胜的先机。

第八章 现代武术双短兵对抗赛赛事标准

第一章 总述

第一条 赛事类别

个人赛、团体赛。

第二条 赛事方法

（一）循环赛、淘汰赛。

（二）每场比赛以规定时间内累计得分多者为胜，每场3局，每局比赛2～3分钟，局间休息1分钟。

（三）每场比赛以先得到规定分数者为胜，不限定时间，每场比赛1局。

第三条 运动员参加比赛的资格

（一）运动员赛前必须提交本人15天以内县级以上医院出具的包括脑电图、心电图、血压、脉搏等指标在内的体格检查证明；运动员赛前必须提交参加比赛的人身保险证明。

（二）运动员的参赛年龄为3～6周岁幼儿组，年龄差3个月以内（包括3个月）、体重差2公斤以内（包括2公斤）为一组；7～12周岁少儿组，年龄差6个月以内（包括6个月）、体重差2.5公斤以内（包括2.5公斤）为一组；13～17周岁青少年组，年龄差12个月以内（包括12个月）、体重差3公斤以内（包括3公斤）为一组；18～45周岁为青年组；46～69周岁为中年组；69周岁以上为老年组。

第四条 老、中、青年组体重分级

（一）男子：

1.55公斤级。

2.60公斤级。

3.65公斤级。

4.70公斤级。

5.75公斤级以上。

（二）女子：

1.46公斤级。

2.50公斤级。

3.54公斤级。

4.58公斤级。

5.58公斤级以上。

第五条　称量体重

（一）每个级别按照年龄段称量体重，称重时必须有仲裁委员在现场监督下，由检录长负责读称，编排记录员配合记录。

（二）参加称重的运动员必须是资格审查合格后的。

（三）参加称量体重的运动员必须按大会规定的时间和规定的地点称量体重，称量体重时身穿双短兵比赛规定服装（女运动员内穿紧身内衣）。

（四）称重是按由轻到重的顺序称量，先从体重轻的级别开始，每个级别称重时间限定在一小时内。如在规定的时间内体重达不到报名级别时，则取消参赛资格。

第六条　抽签

（一）对阵表排序抽签由仲裁委员会主任、总裁判长及参赛队的教练或领队参加，由编排记录组负责。

（二）对阵表排序抽签由小级别开始，抽签在称重后对符合参赛要求的运动员进行。

（三）抽签方法可由电子自动生成或由各队教练员或领队为本队运动员抽签。

第七条　服装、护具和双短兵的要求

（一）运动员必须着大会规定的双短兵服装。

（二）运动员必须穿戴大会指定的双短兵专用护具。

（三）竞赛场上统一使用大会提供的双短兵器。

（四）双短兵的长度、重量和直径（表8–1）。

表8–1　双短兵的长度、重量和直径

	5岁以下	5岁到7岁	7岁到12岁	12岁到17岁	18岁以上	误差
长度	不超过63厘米	不超过72厘米	不超过82厘米	不超过93厘米	不超过105厘米	1厘米以内
重量	不超过125克	不超过140克	不超过155克	不超过170克	不超过185克	5克以内
直径	不低于5厘米	不低于5厘米	不低于5厘米	不低于5厘米	不低于5厘米	0.1厘米以内
离部	5厘米	5厘米	5厘米	5厘米	5厘米	0.1厘米以内
攻部	16厘米	18厘米	20厘米	22厘米	25厘米	0.1厘米以内
守部	27厘米	32厘米	38厘米	45厘米	53厘米	0.1厘米以内
柄部	10厘米	11厘米	12厘米	13厘米	14厘米	0.1厘米以内
护部	5厘米	6厘米	7厘米	8厘米	8厘米	0.1厘米以内

第八条　比赛场地

采用阴阳五行元素，设计边长12米的正方形软地垫平整场地，地垫厚度不低于2.5厘米，其中10米内为比赛场地，外围设有1米的保护区，地垫设计为五行图款式，中间为2米直径太极图。

第九条　竞赛中的礼节

（一）授双短兵时，运动员向双短兵行单腿跪接礼，接双短兵后行持双短兵礼。

（二）介绍运动员时，运动员必须站在对应的中心红色边框位置向观众行持双短兵礼。

（三）比赛开始前，运动员相互行持双短兵礼。场裁发出"预备"口令，双方运动员做实战预备势；场裁发出"开始"口令，比赛正式开始。

（四）宣布结果时，运动员交换站位，宣布结果后，运动员相互行武术双短兵礼，再同时向场裁行武术双短兵礼，裁判员回抱拳礼；然后向对方教练员行武术双短兵礼，教练员回抱拳礼。

（五）边裁换人时，互相行武术抱拳礼。

第十条 弃权的处理

（一）在双短兵比赛期间，运动员因体重不符或伤病（须出具医务监督员提供的诊断证明）确实无法参加比赛，视为弃权，不再参加后面场次的比赛，如比赛已进入名次，进入名次的成绩有效。

（二）比赛进行过程中，如果双方运动员的实力悬殊，双方教练员为保护本方运动员的安全，任何一方教练员可举弃权牌表示本场比赛弃权，场上参赛运动员也可举双短兵要求弃权。

（三）称量体重不能按时参加、赛前检录3次未到或检录后又擅自离开，导致不能按时上场参赛，视为无故弃权，取消本人全部成绩。

第十一条 比赛中的相关规定

（一）根据裁判员守则，现场执行裁判员应聚精会神，集中精力观察比赛双方运动员，控制整场比赛，不得分散精力做与比赛裁判无关的事情，同时未经裁判长允许不得私自离开岗位。

（二）参赛运动员必须遵守比赛规则和比赛礼仪，尊重和服从裁判员，尊重对手。在比赛场上不准有不礼貌行为，如轻视无礼的动作，吵闹、谩骂的语言，甩护具和双短兵器械等。参赛运动员不得在未宣布比赛结果前退场（因伤需急救者除外）。

（三）比赛时，每名教练员只能代表所报名单位，坐在指定位置进行出场指导，并只能带一名队医或助手协助工作。

（四）参赛运动员严禁使用兴奋剂，局间休息时不得输氧。

第二章 裁判人员及其职责

第十二条 裁判人员的组成

（一）总裁判长1人，副总裁判长1人。

（二）裁判长、副裁判长各1人。

（三）场裁1人，边裁3人，预备裁判员3人。

（四）记录员、示分员、计时员各2人。

（五）编排记录2人。

（六）检录长2人。

第十三条 辅助裁判人员的组成

（一）编排记录员1~2人。

（二）检录员4~6人。

（三）医务监督员1人，医务人员2~3人。

（四）宣告员1~2人。

第十四条　裁判人员的职责

（一）总裁判长

1.精通掌握竞赛规程、规则和裁判法并负责组织裁判人员学习。

2.负责监督、检查并落实有关竞赛的准备工作，如场地、器材、比赛用具及称量体重、抽签、编排等。

3.对于竞赛中出现的有关问题要根据竞赛规程、规则的规定予以解决。但竞赛规程和规则不能修改。

4.对于每场比赛，总裁判长应及时通知裁判长、编排记录长和宣告员，运动员因弃权变动比赛秩序。

5.比赛中对各裁判组的工作进行认真指导，根据现场比赛实际需要可以对裁判人员进行调配。

6.对裁判员执行规则的情况进行监督检查。有权对裁判组出现的有争议的问题做出最后决定。

7.对比赛成绩进行审核、签署和宣布。

8.编写书面总结并向大会递交。

（二）副总裁判长

协助总裁判长工作，总裁判长缺席时，可代替总裁判长行使其职责。

（三）裁判长

1.负责组织本组裁判员的学习，并进行各项工作任务分工。

2.比赛中对裁判员、计时员、记录员的工作进行监督和指导。

3.对场裁在执裁时有明显错判、漏判或其他不符合规则规定的行为，鸣哨提示其改正。

4.比赛结束时，由于场裁出现的明显错判，在征得总裁判长同意后可以改判比赛结果并宣布。

5.在比赛过程中，根据记录员的记录和临场运动员的情况，处理优势胜利、出界、处罚、强制读秒等有关规则规定事宜。

6.每场比赛结束后，宣告裁判结果，同时对比赛成绩进行审核并签名。

（四）副裁判长

协助裁判长工作，也可以根据需要兼任其他裁判员的工作。

（五）场裁

1.对场上运动员的服装、护具及所使用的双短兵器械进行检查，以保障比赛安全顺利进行。

2.用规定裁判口令和裁判手势指挥运动员进行比赛。

3.对场上运动员得2分的情况进行判定。

4.对运动员出现的双短兵器械掉落、出界、消极、攻击、不礼貌等行为进行警告或劝告，对临场治疗等有关情况进行判定。

5.比赛结束后，当场宣布本场比赛结果。

（六）边裁

1.根据规则规定判断和记录运动员得分和扣分情况（手写记录或电子记录）。

2.对场上裁判的判罚结果进行记录并汇总。

3.比赛结束及时与裁判长沟通比赛情况并及时上交判定结果。

（七）记录员

1.赛前将各运动员的参赛信息认真填入记录表。

2.将每名运动员现场称重的体重值填入每场比赛的记录表。

3.根据场裁的口令和手势的判罚，记录双方运动员的得分数及被警告、劝告、出界的次数。

4.比赛结束及时与裁判长沟通比赛情况。

（八）示分员

1.赛前认真将有关信息填入记录表。

2.根据场裁口令和手势，翻牌示分，并记录运动员得分情况。

3.操作和控制电子显示屏。

（九）计时员

1.赛前对比赛所用的裁判器材如铜锣或哨子、计时钟、秒表等进行检查及核准。

2.负责每场比赛、暂停、局间休息的计时。

3.每局比赛结束鸣锣通告。

4.每局比赛结束前10秒提醒。

5.利用电子设备对比赛进行全程录像，把录像存档备查。

（十）编排记录长

1.负责审查运动员的参赛资格，并审核各队的报名表。

2.负责组织各代表队负责人按照赛会要求抽签，按照抽签结果编排每场比赛的秩序表。

3.负责准备比赛中所需要的各种表格及用具，审查并核实比赛成绩和录取名次。

4.对各场比赛的成绩做好登记并进行公布。

5.统计和收集赛会相关材料，汇编成绩册。

（十一）编排记录员

根据编排记录长安排的工作分工，做好各项编排记录工作。

（十二）检录长

1.负责赛前运动员的称重工作。

2.负责准备及管理比赛使用的各种用具，如护具、双短兵器械、弃权牌等。

3.负责召集运动员在本场比赛前20分钟进行检录。

4.每场比赛检录时，如出现运动员不到、弃权或冒名顶替等问题，及时报告总裁判长。

5.按照比赛规则的要求，及时检查上场运动员的服装、护具及双短兵器械等是否符合标准。

（十三）检录员

根据检录长安排的工作分工，做好各项检录工作。

（十四）宣告员

1.比赛前简要介绍竞赛规程、规则和有关宣传材料。

2.介绍上场的裁判员的等级、姓名以及运动员的参赛组别等。

3.对本场比赛的裁判结果进行宣告。

（十五）医务监督

1.对运动员的体格检查表进行认真审核。

2.赛前对运动员负责进行体检抽查。

3.对临场伤病负责治疗与处理。

4.负责鉴定因犯规造成运动员受伤的情况。

5.竞赛中负责医务监督，对因伤病不宜参加比赛者，应及时向总裁判长提出其停赛建议。

6.配合兴奋剂检测人员检查运动员是否使用违禁药物。

第三章 仲裁委员会及其职责

第十五条 仲裁委员会的组成

由主任、副主任、委员3人或5人组成。

第十六条 仲裁委员会的职责

（一）仲裁委员会的工作是在大会组委会的领导下进行的。主要受理参加比赛的运动队对裁判人员有关违反竞赛规程、规则的判决结果有不同意见的申诉。

（二）受理参赛队对裁判员执行竞赛规程、规则的判决结果有异议的申诉，但只限对本队裁决的申诉。

（三）接到申诉后，对申诉的内容应立即进行处理，并将裁决结果及时通知有关各方。

（四）根据申诉材料提出的情况，必要时可以复审录像，进行调查，召开仲裁委员会讨论研究。可以吸收有关人员列席会议，但无表决权。仲裁委员会出席人数必须超过半数以上，表决时超过半数以上做出的决定方为有效。表决票数结果相等时，仲裁委员会主任有终裁权。

（五）仲裁委员会成员不参加与本人所在单位有牵连问题的讨论和表决。

（六）对申诉材料提出的问题，经过严格认真复审，确认原判无误，则维持原判；如确认原判有明显错误，仲裁委员会可以改变比赛结果；仲裁委员会的裁决为最终裁决。

第十七条 申诉程序及要求

（一）参赛队如果对判决结果有异议，必须在该运动员比赛结束后15分钟内，由本队领队或教练员向仲裁委员会提出书面申诉，同时交付1000元的申诉费。如申诉正确，退回申诉费；申诉不正确时，则维持原判，申诉费不退。

（二）各队必须服从仲裁委员会的最终裁决。如果因不服裁决无理纠缠，将视情节轻重，按照赛事组委会的有关规定进行严肃处理。

第四章　竞赛监督委员会及其职责

第十八条　竞赛监督委员会的组成

由主任、副主任、委员3人或5人组成。

第十九条　竞赛监督委员会的职责

（一）监督仲裁委员会的工作。对不能正确履行仲裁委员会职责，裁决运动队的申诉不公，违反仲裁委员会条例的人员，视情节轻重，给予批评、教育、撤换乃至停止工作的处分。

（二）监督裁判人员的工作。对不能正确履行自己的职责，不能严肃、认真、公正、准确地进行评判，明显违反规程、规则的行为者；有明显错判、漏判、反判的行为者；接受运动队的贿赂，以不正当的手段偏袒运动员者，视情节轻重，给予批评、教育、撤换、停止工作，乃至实施降级或撤销裁判等级等处分。

（三）监督参赛单位各领队、教练、运动员的行为。对不遵守赛区工作条例、运动员守则，不遵守竞赛规程、规则及赛场纪律，对裁判人员行贿，运动员之间搞交易、打假赛等有关违纪人员，视情节轻重，给予批评、教育、通报、取消比赛成绩、取消比赛资格等处分。

（四）竞赛监督委员会听取领队、教练、运动员、仲裁人员、裁判人员对竞赛过程的各种反映及意见，保证竞赛公正、准确、圆满、顺利地进行。

（五）竞赛监督委员会不直接参与仲裁委员会、裁判人员职责范围内的工作，不干涉仲裁委员会、裁判人员正确履行自己的职责，不介入判决结果的纠纷，不改变裁判人员、仲裁委员会的判决结果。

第五章　技法要求、得分标准与判罚

第二十条　禁击部位

后脑、颈部、裆部。

第二十一条　得分判定

（一）得3分

一方运动员任一短兵脱手落地1次给对方加3分，双方短兵同时脱手落地不加分。

（二）得2分

1.双手正确持握双短兵手柄部位，使用双短兵器械的有效得分部位，利

用腾空、地滚等高难度动作击中对方身体有效得分部位，一次得2分。使用蹲姿、跪姿、倒地、滚翻技术在5秒钟内必须站起（由于对手进攻技术压制导致5秒不能站立），得分视为有效，否则得分视为无效。

2.经专家评委鉴定使用创新技术击打有效得分部位，一次得2分。

3.双手使用双短兵的有效部位，同时击中对手有效得分部位，一次得2分。

（三）得1分

1.使用任一双短兵器械的有效部位击中对方两耳尖经头上部的连线与两耳尖经额头部的连线之间的部位、踝关节（包括踝关节）以上膝关节（包括膝关节）以下的小腿任何部位等，每击中1次均得1分。

2.使用刺的技术（包括单刺、双手同时刺）刺中对方膻中穴部位，并且被击中方有明显位移，每击中1次得1分。

3.累计被劝告两次，对方得1分。

4.被警告一次，对方得1分。

5.3秒钟内互相击中对方得分部位分差在3点以上（不包括3点），击中多者得1分。

6.使用双短兵器械有效得分部位击中对方身体有效得分部位有效接触面积达到1/3以上，击打动作清晰，视为得分。

7.比赛停止口令发出的同时短兵有效部位击打到对方身体有效部位，得分有效。

8.比赛过程中攻击方利用任一短兵拨开我方防守短兵，利用短兵有效部位击中我方有效部位，视为得分。

（四）不得分的情况

1.技法不清楚，击中效果不明显，不得分。

2.双方同时击中，不得分。

3.双方双短兵同时或相继脱手落地，不得分。

4.双方同时或相继出界击中有效部位，不得分。

5.击中对方非有效得分部位，不得分。

6.3秒钟内互相击中对方得分部位分差在3点以下（包括3点），不得分。

7.主裁判叫停之后击中有效部位，不得分。

8.对方使用任一短兵攻击我方有效得分部位，我方利用任一短兵进行格挡防守，在防守过程中由于防守的力量较轻，使我方短兵连同对方攻击短兵的有效部位碰触到我方的有效得分部位，不得分。

第二十二条 犯规与罚则

（一）技术犯规

1.比赛消极，场裁指令进攻，5秒后仍不进攻者；或使用双短兵同时防守得分部位达到5秒钟以上仍不进攻者。

2.比赛中有各种不礼貌的行为或不服从裁判。

3.在比赛中违反礼仪规定者。

4.主动倒地进攻后，未按规定时间要求立即站起者。

5.故意使用抓、夹、踩等方式控制对方双短兵器械，阻碍对方利用双短兵器械进行攻防者。

（二）侵人犯规

1.故意击中对方禁击部位的行为。

2.在口令"开始"前或喊"停"后故意进攻对方的行为。

3.用双短兵器械有效部位以外的部位打击对方的行为。

4.用双短兵掷击对方的行为。

5.故意用身体或其他物体攻击对方的行为。

（三）罚则

1.每出现侵人犯规一次，给犯规方一次警告，对方得1分。

2.每出现技术犯规一次，给犯规方一次劝告，对方得0.5分。

3.在一局比赛中比赛双方中任何一方得到两次警告，即判对方本局获胜。

4.一场比赛中比赛双方中任何一方累计被判罚六次警告，即判对方本场获胜。

第二十三条 暂停比赛

（一）双方运动员任何一方被指定进攻后达5秒，仍无进攻时。

（二）在比赛过程中，运动员出界或倒地时。

（三）在比赛过程中，任何一方运动员犯规受罚时。

（四）在比赛过程中，双短兵器械受损或护具、服装等因素影响比赛时。

（五）运动员受伤影响比赛正常进行时。

（六）任何一方教练员、运动员举手要求暂停时。

（七）裁判长纠正场裁出现的错判、漏判时。

（八）场上出现问题裁判员进行紧急处理时。

（九）因灯光、场地或其他人为因素等客观原因影响比赛时。

（十）双方纠缠在一起。

（十一）一方兵器掉落。

（十二）一方被重击读秒（8秒）。

（十三）裁判叫停之后得分无效，叫停同时得分有效。

（十四）因参赛选手原因而暂停比赛，时间不能超过1分钟。

（十五）主动倒地同时使用进攻技术，比赛继续，其他情况（失误倒地、受伤倒地、延误比赛故意倒地等）比赛暂停。

（十六）双膝同时跪地使用攻防技术，比赛暂停，跪地同时得分无效。

第六章　胜负与名次评定

第二十四条　胜负评定

（一）优势胜利：

1.在比赛中，双方实力悬殊，场上裁判征得裁判长的同意，判技术强者为该场胜方。

2.一局比赛中，比分相差达10分时，判得分多者为该局胜方。

3.被重击到有效部位，经医务监督检查诊断不能继续比赛者，判对方为该场胜方。

4.比赛中，运动员出现伤病，经医务监督诊断不能继续比赛者，判对方为该场胜方。

5.由于对方犯规造成比赛暂停，时间超过1分钟，无法继续比赛，判对方犯规败，我方胜。

（二）比赛结束时，综合场裁的判罚和边裁的评判记分结果，判定胜方。

（三）比赛中因一方犯规，另一方诈伤，不想继续比赛，经医务监督确诊后，判犯规一方为该场胜方。

（四）因对方犯规而受伤，经过医务监督检查确认不能再比赛者，为该场胜方。但不得参加以后的比赛。

（五）举行淘汰赛时，一场比赛中如双方出现平局，按下列顺序决定胜负：

1.受警告少者为胜方。

2.受劝告少者为胜方。

3.体重轻者为胜方。

上述三种情况仍相同，则加赛一局决定胜负。

第二十五条　名次评定

（一）个人名次

1.举行淘汰赛时，直接产生名次。

2.举行循环赛时，积分多者名次列前，若两人或两人以上积分相同时，按下列顺序排列名次：

（1）负局数少者列前。

（2）受警告少者列前。

（3）受劝告少者列前。

上述三种情况仍相同时，名次并列。

（二）团体名次

1.名次分：

（1）各级别录取前八名时，分别按9、7、6、5、4、3、2、1的得分计算。

（2）各级别录取前六名时，分别按7、5、4、3、2、1的得分计算。

2.两个或两个以上的团体分数相等时，按下列顺序排列名次：

（1）按个人获第1名多的队名次列前，如再相等时，按个人获第2名多的队名次列前，依次类推。

（2）受警告少的队名次列前。

（3）受劝告少的队名次列前。

如以上几种情况仍相同时，则名次并列。

第七章　编排与记录

第二十六条　编排

（一）编排的准备工作

1.学习竞赛规程，掌握下列情况：

（1）竞赛性质、竞赛办法。

（2）大会期限。

（3）体重分级。

（4）参加办法及人数。

（5）录取名次及奖励办法。

2.审核报名表。

3.统计各级别人数。

（二）编排原则

1.以竞赛规程、报名表和入会的总时间为依据。

2.同一级别、同一轮次的比赛应相对集中安排，条件要均等。

3.同一单元的比赛由体重轻的级别开始。

（三）编排方法

1.根据竞赛办法，计算各级别轮次和场数。

2.编排竞赛日程表。

3.绘制竞赛轮次表。

4.编排每场比赛秩序表。

5.淘汰赛可采用抢号的办法。

第二十七条　记录

（一）记录员将劝告、警告、出界、取消比赛资格分别填入记录中。

（二）举行循环赛时，编排记录组根据每场比赛的结果在记分表中为胜方计2分，负方计0分，平局时各计1分。因对方弃权获胜时，计2分，弃权者计0分。

第八章　礼仪与场裁口令和手势

第二十八条　礼节与场裁口令和手势

（一）武术抱拳礼

场地裁判员入场相互敬武术抱拳礼。双脚并拢，两腿直立，左手武术掌，右手握拳，双臂由两侧向胸前，左掌心和右拳面相抱，与胸齐高，手与胸之间距离为20～30厘米。

（二）双方运动员上台

裁判员站在擂台中央两臂体侧平举，掌心朝上指向双方运动员。在发出红方或青方指令的同时，两臂屈肘成90°，两掌心相对。

（三）授双短兵礼

双方运动员到指定位置，而后面向双短兵器架，左腿向前跨步，右腿屈

膝跪地，双手上抬，掌心朝上，成双手接双短兵状，从双短兵器架上拿到双短兵器械。

（四）持双短兵敬礼

双手分别持握双短兵手柄部位，右手在右上，左手在左下，使双短兵斜置于左肩右腹前，左手虎口控制左手短兵，左手掌其余四指伸直盖于右拳拳面处，置双短兵于身前，双短兵器械离部朝向身后，护部朝前，上体前屈约30°，目视前方。

（五）第一局

场地裁判面向裁判席站立，在发出"第一局"口令的同时，一手食指竖起，其余四指弯曲呈握拳状，直臂前举。

（六）第二局

场地裁判面向裁判席站立，在发出"第二局"口令的同时，一手食指、中指伸直分开竖起，其余三指弯曲，直臂前举。

（七）第三局

场地裁判面向裁判席站立，在发出"第三局"口令的同时，一手拇指、食指、中指分开竖起，其余两指弯曲，直臂前举。

（八）"准备—开始"

在双方运动员相互敬礼之后，场裁上步立于双方运动员中间，在发出"准备"口令的同时，两臂弯曲，掌心朝下，指尖相对，使双方运动员双短兵器的离部相对，做好比赛准备之后，在发出"开始"口令的同时，左臂不动，右手握拳在左臂下快速打出直拳并收回，然后两手自然下垂。

（九）"停"

在发出"停"口令的同时急上步，两臂由两侧向胸前屈臂抬起，双掌指尖相对，立于双方运动员中间。

（十）得分

得2分，与得分方戴颜色相同手套的一侧手食指、中指伸直，其余三指弯曲，直臂上举；得3分，与得分方戴颜色相同手套的一侧拇指、食指、中指伸直，直立上举。

（十一）掉地

比赛暂停，一臂伸直，掌心朝上指向双短兵脱手的运动员，在发出"某

方"口令的同时，另一手臂伸直，食指伸出，其余四指弯曲，食指由胸前指向体侧地面。

（十二）消极5秒

比赛暂停，裁判员在发出"某方"口令的同时，五指自然分开伸直，上举于体前，并宣告"消极5秒"。

（十三）指定进攻

比赛继续，裁判员一手手心朝下，拇指伸直，其余四指弯曲握拳，拳心朝下，拇指指向对方，在发出"某方"进攻口令的同时，向拇指方向横摆。

（十四）一方出界

比赛暂停，一臂前平举，掌心朝上指向出界一方，同时发出"某方"口令，接着双手立掌，由下向上屈臂于两肩前，手心朝后。

（十五）无效

比赛暂停，两臂伸直，掌心朝内，在腹前交叉摆动1次。

（十六）击裆

比赛暂停，一臂伸直，掌心朝上指向犯规运动员，同时发出"某方"口令，接着另一手立掌，由体侧向体前摆动，屈臂，掌心朝向腹部，指尖朝斜下。

（十七）击后脑

比赛暂停，一臂伸直，掌心朝上指向犯规运动员，同时发出"某方"口令，接着另一手掌掌心贴于后脑部位。

（十八）控制对方兵器犯规

比赛暂停，一臂伸直，掌心朝上指向犯规运动员，同时发出"某方"口令，接着一手握拳屈臂，另一手抓握拳手的手腕置于胸前。

（十九）警告

比赛暂停，一臂伸直，掌心朝上指向犯规运动员，同时发出"某方"口令，接着另一手握拳上举，屈肘成90°置于体前，拳心朝后。

（二十）劝告

比赛暂停，一臂伸直，掌心朝上指向犯规运动员，同时发出"某方"口令，接着另一臂立掌上举，屈肘成90°置于体前，掌心朝后。

（二十一）取消比赛资格

比赛暂停，一臂伸直，掌心朝上指向犯规运动员，同时发出"某方"口

令，接着两手握拳，两前臂于胸前交叉。

（二十二）急救

比赛暂停，面对大会医务席，两手立掌，两前臂在胸前呈十字交叉，手心朝后。

（二十三）局间休息

比赛暂停，两臂侧平举，掌心朝上指向双方运动员休息处。

（二十四）交换站位

比赛暂停，站在擂台中央，两臂伸直，掌心朝内在腹前交叉。

（二十五）获胜的判定

比赛暂停，平行站于两名运动员中间，一手抓握获胜运动员的手腕上举，并宣告获胜方。

第二十九条　边裁的计分方法

边裁手拿控制器，分别代表参赛双方。根据规则判定一方技术有效得分时，按下该方控制器，得几分按压几次，电子记录得分。

第九章　场地与器材

第三十条　场地

（一）场地为采用阴阳五行元素设计的边长为12米的正方形软地垫平整场地，地垫厚度不低于2.5厘米，其中10米内为比赛场地，外围设有1米的保护区，地垫设计成阴阳五行图款式，中间为2米直径太极图。

（二）武术双短兵比赛场地平面示意图如下。

图8-1　武术双短兵比赛场地平面示意图

第三十一条　器材

（一）双短兵裁判器材。包括：1.电子计分系统；2.显示屏；3.电源；4.最后10秒提示器；5.宣布比赛开始或停止的铜锣；6.比赛记录对阵表和记录用笔；7.对讲机及耳麦。

（二）双短兵器材架两个，比赛所需不同型号双短兵器各两套。

（三）护具，如头盔、面罩、护臂、护腿、护裆等，用于保护身体关键部位的安全。

第九章 武术双短兵传承

第一节 少北双短兵

一、传承人简介

传承谱系：张荣时→张立君等→马跃等。

传承人简介：

张荣时（1929—2013年）：中国传统武术第131个拳种少北拳的创编人，出生于河北省秦皇岛市山海关区。张荣时7岁习武，先后拜武术大师赵国伦、王辑清、吴鹤令、唐达、张宇时等六位老师为师，学练少林觉空拳派武术功夫。

1947年始，张荣时先后在山海关成立"国术团"，在北京成立"中华国术团"，其弟子先后在北京、河南、辽宁、湖北、河北等成立分团。

1968年，在学练少林觉空拳派武功的基础上，经过20余年的系统整理，形成了少北拳理论与实践体系（双功四术）。

1968年，张荣时在锦州正式传播少林觉空拳派武功，并首次竖起"中国少北拳"的旗帜。从此先后培养了首代首期、一代一期、一代二期、一代三期共计千名弟子。这些弟子在国内外传播培养二代一期、二代二期、二代三期弟子达近十万人。目前少北拳已传播到了国内11个省、市、区和美国、意

大利、澳大利亚、日本、韩国等许多国家和地区。

少北拳内部组织机构健全，先后成立了少北拳全国指导委员会（筹）及若干省市研究会。各地纷纷成立少北武馆、少北武校、少北拳俱乐部、少北拳擂台训练基地、少北拳击技训练中心，传播少北拳，弘扬中华传统文化。

1996年，原国家体委国家武术运动管理中心、中国武术协会专家评审组在原国家体委副主任徐才的率领下在中国辽宁省锦州市评审认定了中国少北拳为中国传统武术第131个拳种。认定少北拳是源于少林，有别于少林，且有所创新的一个拳派。

张立君：少北拳正宗传承人，少北拳全国指导委员会执委，辽宁省少北拳研究会会长，高级武术指导教师，现代少北武术双短兵联合创始人，国际武术双短兵研究专家组专家。

马跃：少北拳传承人，中国武术六段，吉林省双辽市武术协会副主席，双辽市马跃武术学校校长兼总教练。

二、少北双短兵文化传承及创新内容

传统少北双短兵有双剑、双钺、双锤、双棍等。练习时分成四步，即第一练法、第二练术、第三练套、第四练对。

练法：就是单招式，按招法，一招一招地反正练。

练术：术乃法连，练习每两法相连而为术。

练套：要在上述基础上学练套路，一方面学练招数，更重要的是培养能连绵不断地发招的习惯。

练对：在以上三练的基础上，虽完成了主法、主术的学练，但必须与客法、客术相结合，完成"术必双人练，功在日积长"，没有对练也就没有术的落实。

通过使用现代双短兵器械，充分验证传统少北双短兵的实用价值及练习成果。在练对的基础上，增加了条件实战和模拟实战，更增添了趣味性和实用性，把少北武术内容发扬光大。

图9-1　张立君老师现代双短兵的练功照

第二节　霍式八极双短兵

一、传承人简介

传承谱系： 霍殿阁→高理和等→程和荣、高德伟等→王军等。

传承人简介：

程和荣：女，1953年11月生，汉族；霍式八极拳传承人；现代八极双短兵项目联合创始人；中国素质测评网运营中心权威认证国际武术八段，高级武术辅导教师；任吉林省长春市双阳区武术协会主席；1966年拜著名老武术家高理和为师，成为霍式八极拳第三代传人，开始习练八极拳及器械；1975年，代师授艺，带领师弟师妹勤学武艺。

高德伟：高理和之子，霍式八极拳传承人；现代八极双短兵项目联合创始人；中国素质测评网运营中心权威认证国际武术八段，高级武术辅导教

师；长春勇吉八极拳馆馆长兼总教练。

八极拳的器械主要有六合大枪、震山棍、大六合刀、小六合刀、万胜双刀、护手双钩、月霞剑、青萍剑等。八极拳传人马凤图、马英图将双手刀法改编成"破锋八刀"，作为西北军中的大刀习练内容，在抗战中，二十九军的大刀技法精湛，令日军闻风丧胆。

二、八极双短兵传承及创新内容

传统八极双短兵有双刀、双剑、双硬鞭、双钩等器械及技法，为了适应现代双短兵项目发展的需要，程和荣、高德伟两位老师与现代双短兵项目创始人刘恩刚教授合作开发，在传承传统八极双短兵技法及文化的同时，深入研究，凝练出更实用、健身防身效果更好的现代八极双短兵技法——抽技。此技法尤其可以用于实战搏击赛场，增强了中国传武双短器械的实战效果，使八极双短兵技法在现代搏击赛场上得到无限制应用，更使八极拳内容得到更加充分展示的平台，真正做到了把八极拳的内容发扬光大。

图9-2 程和荣和高德伟老师八极双短兵练功照

第三节　八卦双短兵

一、传承人简介

传承谱系：董海川→梁振蒲等→郭古民等→臧学范→齐卫民等。

传承人简介：

齐卫民：男，1960年4月21日生，汉族。八卦掌第五代传人，赵氏擒拿第二代传人，吉林省八卦掌研究会会长，吉林省赵氏擒拿研究会会长，国家武术六段，长春市公安局退休。从小喜欢武术，曾习练少林拳、八卦掌、擒拿。1995年开始习练八卦掌，1997年拜臧学范先生为师，正式习练八卦掌。又于2016年师从赵大元先生习练赵式擒拿和梁式八卦掌至今。曾多次在省市比赛中取得优异成绩。

二、八卦双短兵文化的传承及创新内容

传统双短兵是八卦掌传承人最擅长的兵器，包括双镰、双钺、双钩、双剑等，具有独特的步法、身法与技法。在传承传统八卦双短兵技法的同时，又根据现代器械竞技搏击的需要，创造出现代八卦双短兵的步法、身法等技术体系，即主要将传统八卦掌走圈画弧的步法特点进行深化，采取侧移的斜线进攻，配合战术体系，在双短兵实战对抗中得到充分的应用，并取得良好效果。通过现代八卦双短兵技法内容的创新，充分展示了八卦掌内容的实用性；通过现代双短兵竞技比赛，使八卦掌文化内容得到更好的升华。

图9-3　齐卫民老师的八卦子午鸳鸯钺、八卦子午阴阳鸡爪锐练功照

第四节　太极双短兵

一、传承人简介

传承谱系： 周明德→冯志强→张吉平等。

传承人简介：

张吉平：长春人，1955年出生，1970年拜周明德先生为师，习练杨式太极拳、推手、擒拿格斗和武术器械。1985年，周先生将其所传定为仁和太极武道。2004年，经周先生安排，张吉平再拜冯志强先生为师，习练陈式老架、推手、内功和器械套路。张吉平先生现任吉林省法警总队格斗教官；吉林省武术研究院副院长；吉林省武术协会太极拳推手专业委员会主任。中国武术七段，现代太极双短兵联合创始人。

仁和太极武道由三部分组成：仁和太极搏击术，仁和太极内功，仁和太极拳械套路。其中，器械套路有少林四门枪、梅花刀、齐眉棍、少林双枪、

少林双钩、陈式太极双剑等。

二、太极双短兵文化传承与创新内容

太极双短兵以陈式太极拳为主，主要有双刀、双铜、双枪、双钩等。太极双短兵在练习时注重腰与手腕的结合，结合棚、架、推、挂、截、点、压、横、拦、劈、砸等技击方法，在演练和使用过程中要求平心静气，以意领气，以气助力等，把太极拳内功修炼体系用于现代武术双短兵当中，尤其在竞技对抗时，可以达到临危不惧、遇事不惊、沉着冷静、坚毅果敢的目的。现代双短兵在技法上继承了传统太极双短兵的"架""截""拦"等技法，同时又创新出阴格、阳防、外挡、内撑等技术，结合太极双短兵内功心法，更增强了现代武术双短兵项目的竞技功能。

图9-4 张吉平老师持双短兵器的练功照

第五节　通臂劈挂双短兵

一、传承人简介

传承谱系：郭长生→郭瑞祥等→郭铁良等→冯国毅等。

传承人简介：

冯国毅：武术指导，河北沧州郭燕子苗刀通臂劈挂拳第四代传人。中国武术六段、国家一级武术裁判、国家级社会体育指导员、国际苗刀联合会吉林省分会会长、吉林省武术协会苗刀研究会会长、吉林省长春市郭燕子苗刀通臂劈挂拳俱乐部总教练、全国武术之乡长春市南关区武术协会副主席、南关区硬气功协会会长。曾受聘于吉林省武警总队反恐支队任武术指导。被载入《当代中国传统武术名人名家辞典》和《当代中华武术大典》。

二、通臂劈挂双短兵的传承与创新

传统通臂劈挂拳双短兵有劈挂双锤、劈挂双刀、劈挂双剑、太师双鞭、护手双钩（凤头铬）、劈挂双钺、劈挂双叉、劈挂双戟、双拐、双枪等器械及技法。通臂劈挂拳，也称通臂拳，是一种典型的长击类拳术。拳法多上肢动作，两臂宛如通臂猿（长臂猿）舒使猿臂，圆抡摔拍，直出穿点，而写作"通臂拳"。劈挂讲究"辘轳反车，反车辘轳"劲，有时也写作"翻扯辘轳，辘轳翻扯"，于是便有了"辘轳劲"一说，流传甚广。所谓"辘轳劲"，实际就是"滚劲"，是早期劈挂拳家借用"辘轳反车"来形容迅猛贯通的滚动劲势。"滚"字在劈挂劲中是第一位的，在通臂劲中同样如此。从大处讲，通臂所追求的"如珠走盘""翻滚不息"等，实际就是俞大猷棍法中所表现的"如转圆石于万仞之山，再无住息"的打法，戚继光曾经强调说，俞大

猷这种打法就是不给对家以"再复之隙"，使对家"一败永不可返矣"。他还强调说："不唯棍法，虽长枪各色之器械，俱当依此法也。近以此法教长枪，收明效，极妙极妙。"据此可知，劈挂拳家将"滚"劲摆在第一位，恰表明劈挂学有本源，可见其渊源有自。现代双短兵传承了通臂劈挂双器械的"抢""戳""滚"等技法，在竞技实战中验证了古传双短兵技法的实用价值，应用创新安全双短兵器械进行对抗，可以重现冷兵器时代通臂劈挂双短兵的风采。

图9-5　冯国毅通臂劈挂拳双短兵功夫照

第六节 少林双短兵

一、传承人简介

传承谱系：释妙兴→释贞绪→释素喜→释德杨→释行正→释永信→释延志等。

传承人简介：

释延志：1980年出生，俗姓张，名立志，吉林省长春市九台县人（后改为九台区）。现代少林双短兵项目联合创始人，中国武术六段，国家一级武术裁判员，国家级社会体育指导员，民族传统体育教学指导员，武术短兵中级职称，吉林省少林拳研究会副会长，九台区武术协会副会长。少林俗家弟子，1990年到嵩山少林寺武僧团习武，1995年拜少林寺第三十三代住持释永信为师，得赐法号延志，成为延字辈第三十四代少林俗家弟子。在习武期间对少林春秋大刀、少林十三枪、少林梅花刀、达摩剑、风摩棍、齐眉棍、少林六合棍、少林大洪拳、小洪拳、通臂拳、朝阳拳、关东拳、少林长拳、八步连环拳、五行十六法都深有研究。

1998年，释延志先后在辽宁省建平少林武校、山东省苍龙功夫院、广州湛江少林武校、吉林双阳武校、吉林公主岭少林武校任教练员。

2004年，释延志回家乡九台创办禅宗少林武术学校。办校至今带领学员参加国际、全国中小学生大赛，省级比赛共获奖牌300余枚，受到各级领导的好评。

少林拳的器械主要有春秋大刀、梅花刀、少林双刀、六路双刀、少林十三枪、金花双舌枪、拦门枪、镇山棍、齐眉棍、烧火棍、阴手棍、五虎擒拿棍、达摩剑、清风剑、少林双剑、纵扑刀、雪片刀、月牙铲、三股叉、风摩杖、盾牌刀、绳标、九节鞭、戟头钩、马牙刺、禅杖等。

传统少林双短兵有双匕首、虎头双钩、双锤、双鞭、双峨眉刺、双刀、双枪、梅花双拐等。

二、少林双短兵的传承与创新

在传承传统少林双短兵技法及文化的同时深入研究开发，创新出少林短兵技法——翻转连击。此技法应用于实战、比赛、防身效果俱佳，提升了双短兵器械的实战效果，使少林双短兵技法在现代兵道赛场上得到无限的应用，更使少林拳的内容得到充分发展，真正做到了把少林拳的内容发扬光大。

图9-6　释延志老师习练双刀、双匕首、双钩、双枪练功照

第七节　四季拳双短兵

一、传承人简介

传承谱系：高思继→高宠→高咏铎→栾学权等。

传承人简介：

栾学权：1954年出生。1963年拜高咏铎先生为师，系统地学习了高家四

季拳械多种功法。二十年后，在师父的提议下，在1987年至1996年近十年之中先后四次前往少林寺，以相互交流方式学习了部分少林拳和铁罗汉、黑虎拳、四门拳等套路。两次前往陈家沟学习了老架一路、二路炮锤、单刀、单剑、陈式大刀及推手等套路。自2010年至2019年多次参加国家级武术大赛，获得金牌11枚，省市级奖牌多枚。现为长春大学武术协会、财经大学武术协会总教练。2014年武术国考大赛晋升为武术七段。他也是国家级段位指导员、考评员，吉林省武术协会专家委员会副主任，吉林省四季拳研究会会长。

二、四季拳双短兵的传承与创新

四季拳双短兵以四季拳为主，器械主要有双锤、双刀、双钩、双戟、双手捎子。四季双短兵在练习时主要注重内在精气神的训练和外在腰与手腕的结合。结合点、刺、棚架、推挂、截、撩、劈、砍、横、拦、砸，四面八方出击，方法独特，演练时有柔，有刚，对敌时刚猛快速有力，如下山猛虎，退敌后平心静气，调息调姿，体现了四季拳的内功心法和武术双短兵的竞技功能。

图9-7　栾学权老师持双短兵器的练功照

附录：首次国培体育武术双短兵培训内容

理论试卷（一）

（满分100分）

一、判断题（50分）

1.双短兵项目是一项艺术体操项目（　　　）

2.双短兵以战阵格杀为目的（　　　）

3.双短兵项目不能用于日常健身和锻炼（　　　）

4.双短兵器械不属于武术器械（　　　）

5.鞭只属于软兵器（　　　）

6.锏属于短兵器，多成对使用（　　　）

7.双器械是武术器械的一类。泛指双手各持一械进行操演的兵器。根据所握器械的异同，可分为双手握持同种器械和握持不同器械两类（　　　）

8.武术双短兵项目不需要重视武礼（　　　）

9.在古代，短兵是指一切短兵器，如刀、剑、鞭、锏、钩等，现代短兵运动是综合了这些短兵器的技术精华而形成的（　　　）

10.双短兵是双手分别持握短兵器械进行运动的项目（　　　）

11.武术双短兵是在传承我国冷兵器时代双短兵器文化的基础上，研发出的符合现代武术特点的运动项目（　　　）

12.双短兵练习者双手分别持握短兵器械进行攻防，全身器官都参与运动，使身体均衡发展，动作更加协调、敏捷（　　　）

13.双短兵项目是双手分别持握短兵器械进行对抗，双短兵可一攻一防，双手同时防守、进攻，攻防节奏更快，比赛更加激烈（　　　）

14.武术双短兵是对抗搏击类项目，比赛的结果存在很多不确定因素。对抗中要有过硬的心理素质，超强的应变能力，一定的专项身体素质，高超的技术技法以及时间差、距离感、对时机的把握等能力，任何一个环节都可能改变比赛结果（　　　）

15.双短兵起源于美国（　　　）

16.双短兵可以攻中有防、防中有攻（　　　）

17.武术双短兵灵活多变、快速敏捷，对人体各运动器官的协调平衡以及力量、速度、耐力、柔韧、灵敏等素质及心肺功能的改善都起到极大的促进作用（　　　）

18.双短兵可以提升自控力和抗挫折能力（　　　）

19.双短兵能培养勇敢顽强、胆大心细、专注认真的尚武精神（　　　）

20.武术双短兵更趋向大众化，适合各年龄段的人习练，是老少皆宜的一项运动（　　　）

21.武术双短兵历史悠久，它既是我国古代双短兵器文化的继承，又是现代武术项目的一种全新的表现形式，它既能演又能打，充分体现了武术的对抗性特点（　　　）

22.双短兵比赛不能打头部（　　　）

23.武术双短兵项目要求灵活多变、快速敏捷、判断准确（　　　）

24.武术双短兵运动使人体左右脑的锻炼更加全面和协调（　　　）

25.双短兵不属于武术（　　　）

二、选择题（30分）

1.属于中国传统民族文化的项目是

　　A.跆拳道　　　　　　B.武术

2.下面哪个是中国武术的内容

　　A.拳击　　　　　　　B.短兵

3.双短兵器的外观主要继承了哪类兵器的特点

　　A.双鞭、双锏　　　　B.双剑、双刀

4.双短兵文化属于哪个国家

　　A.美国　　　　　　　B.中国

5.短兵项目的主要功能

  A.健身防身功能   B.搏杀功能

6.我国古代使用双短兵器的代表人物是

  A.关羽   B.秦叔宝

7.双短兵项目的理论依据为

  A.易经   B.阴阳五行学说

8.双短兵独立成套演练的内容称为

  A.单操   B.品势

9.双短兵是传承了中国武术十八般兵器中的（ ）文化

  A.双短兵器   B.长兵器

10.双短兵是

  A.双手持握   B.双手分别持握

11.双短兵与日本剑道的显著区别

  A.双短兵是双手分别持握， 剑道是双手持握

  B.双短兵是双手持握， 剑道是双手分别持握

12.双短兵与击剑的起源

  A.双短兵是中华民族项目， 击剑起源于欧洲

  B.双短兵起源于欧洲， 击剑是中国民族项目

13.现代短兵与冷兵器的区别

  A.现代短兵主要健身、防身、娱乐，冷兵器主要格杀

  B.现代短兵主要格杀，冷兵器主要健身、防身、娱乐

14.短兵与武术器械的不同之处

  A.短兵实战更具有安全性，武术器械更具表演性

  B.武术器械实战更具有安全性，短兵更具表演性

15.武术双短兵精神

  A.仁义、克己、敏学、笃行、经世致用、自强不息

  B.萎靡不振、精神沮丧、没有自信

三、填空题（20分）

1.双短兵的握法是拇指和食指于短兵手柄前用力环握，其余三指（ ）环握。

  2.双短兵无论进攻与防守，力都从（ ）发。

3.持双短兵姿势：左手虎口处持一短兵，屈臂，使双短兵身贴左小臂内侧，斜横于胸前，右手松握另一短兵附于左手短兵之（　　），双手以合抱姿势握住双短兵。

4.双短兵礼：左手以虎口处持一短兵，屈臂，使双短兵身贴小臂内侧，斜横于胸前，右手松握另一短兵附于左手短兵之上，左手拇指屈拢成斜侧立掌，以掌根附于双短兵手柄上，头向前微低于竖直面约（　　）角。两腕部与锁骨窝同高，肘略低于手，两臂外撑，目视受礼者。

5.实战姿势：短兵尖端交叉之后两人之间的距离，或做弓步就可以击中对方的距离称为（　　）。

6.跳步：在滑步的基础上，加大迈步的距离和加快跟步的速度，分为（　　）跳步。

7.由实战式起，进攻短兵由头上向着被攻击目标直下运动，利用短兵攻部攻击目标，在击打瞬间手心朝向侧方、小指到掌根部位的小指对掌肌、小趾短屈肌、小指展肌等肌肉群顶住短兵柄部下缘，食指、中指、大拇指用力环握并向小臂方向回带短兵柄部上缘，形成杠杆原理，手部及臂部的肌肉收缩，控制住短兵，称为劈。短兵举过头顶利用收腹、展臂、顶腕劈向目标的动作称为（　　）。

8.由实战式起，短兵在胸前通过屈臂、翘腕回带再转腰、顺肩、直臂、顶腕劈向目标的动作称为（　　）。

9.由实战式起，短兵在胸前通过屈臂、翘腕回带再转腰、顺肩、直臂、顶腕，手心斜向上，使短兵攻部45°角斜向击打目标的动作称为（　　）。

10.进攻短兵举过头顶，沿着目标方向45°角斜向击打，利用短兵攻部攻击目标，在击打目标瞬间进攻短兵的手心朝向斜上方向，利用杠杆原理控制短兵击打目标称为（　　）。

一、答案：1.×　2.×　3.×　4.×　5.×　6.√　7.√　8.×　9.√　10.√　11.√　12.√　13.√　14.√　15.×　16.√　17.√　18.√　19.√　20.√　21.√　22.×　23.√　24.√　25.×

二、答案：1.B　2.B　3.A　4.B　5.A　6.B　7.B　8.A　9.A　10.B　11.A　12.A　13.A　14.A　15.A

三、答案：1.放松 2.腰 3.上 4.30° 5.近距离 6.前、后 7.劈山 8.破浪 9.逐日 10.拂尘

理论试卷（二）

（满分100分）

一、填空题（每小题2分，满分30分）

1.搏击运动中采取合理的呼吸方法，有利于提高呼吸系统的生理机能，节省（　　）的消耗。

2.搏击运动中采用以口代鼻或口鼻并用的呼吸方法有利于减少肺通气阻力，增加（　　）。

3.人体速度素质包括反应速度、动作速度和（　　）速度。

4.搏击运动唯快不破，人体骨骼肌纤维组成比例中（　　）多的人动作速度快。

5.双手分别持握相同双短兵，手骨的连接包括腕骨间关节、（　　）、掌指关节及指关节。

6.手关节由（　　）和腕骨间关节组成，在机能上两者构成一个联合关节。

7.双短兵比赛颈部是禁击部位，颈部由（　　）块骨头组成。

8.（　　）决定反应速度的快慢。

9.在武术双短兵运动训练中可以节制呼吸频率和加大（　　），提高肺泡通气量。

10.双短兵主要靠手腕控制，运动手关节的肌群位于（　　）。

11.对双手分别抓握相同双短兵起重要作用的肌群是（　　）。

12.现代双短兵是传承了我国古代（　　）双短兵器文化而创新出的搏击运动。

13.武术双短兵对抗比赛过程中，中央视觉观察对方眼睛，同时利用（　　）观察对方全身。

14.实战姿势：短兵尖端交叉之后两人之间的距离，或做弓步就可以击中对方的距离称为（　　）。

15.由实战式起，短兵在胸前通过屈臂、翘腕回带再转腰、顺肩、直臂、

顶腕劈向目标的动作称为（　　　　）。

二、判断题（每小题2分，满分40分）

1.双短器械不属于武术器械（　　　　）

2.鞭只属于软兵器（　　　　）

3.锏属于短兵器，多成对使用（　　　　）

4.双器械是武术器械的一类，泛指双手各持一相同器械进行操演的兵器（　　　　）

5.武术双短兵项目重视武礼，敬武术抱拳礼（　　　　）

6.在古代，短兵是指一切短兵器，如刀、剑、鞭、锏、钩等，现代短兵运动是综合了这些短兵器的技术精华而形成的（　　　　）

7.双短兵是双手分别持握短兵器械进行运动的项目（　　　　）

8.武术双短兵是在传承我国冷兵器时代双短兵器文化的基础上，研发出的符合现代武术特点的运动项目（　　　　）

9.双短兵练习者双手分别持握短兵器械进行攻防，全身器官都参与运动，使身体均衡发展，动作更加协调、敏捷（　　　　）

10.通过提高双短兵器械的操控力，能培养动手能力（　　　　）

11.武术双短兵是对抗搏击类项目，比赛的结果存在很多不确定因素。对抗中要有过硬的心理素质，超强的应变能力，一定的专项身体素质，高超的技术技法以及时间差、距离感、对时机的把握等能力，任何一个环节都可能改变比赛结果（　　　　）

12.双短兵可以攻中有防、防中有攻，不能同时攻、防（　　　　）

13.武术双短兵灵活多变、快速敏捷，对人体各运动器官的协调平衡以及力量、速度、耐力、柔韧、灵敏等素质及心肺功能的改善都起到极大的促进作用（　　　　）

14.双短兵可以提升身体素质和心肺功能，是一项健身运动，不能防身（　　　　）

15.双短兵能培养勇敢顽强、胆大心细、专注认真的尚武精神（　　　　）

16.武术双短兵更趋向大众化，只适合年轻人习练（　　　　）

17.双短兵比赛允许打头部（　　　　）

18.武术双短兵项目要求灵活多变、快速敏捷、判断清晰、打点准确（　　　）

19.武术双短兵运动讲究阴阳平衡，长期练习可使人体形态、机能和素质均衡发展（　　　）

20.双短兵不属于武术（　　　）

三、单项选择题（每小题2分，20分）

1."野蛮其体魄"是哪个国家领导人提出的

　　A.毛泽东　　　　　　B.江泽民　　　　　　C.习近平

2.运动中所消耗掉的物质和各器官系统下降了的机能，通常经过一段时间休息都能恢复到运动前水平。这一段时间所发生的机能变化叫作

　　A.恢复过程　　　B.超量恢复　　　　　　C.训练调整

3.属于中国传统民族文化的项目是

　　A.跆拳道　　　　　B.武术　　　　　　C.拳击

4.短兵运动中合理运用憋气能

　　A.反射性地引起肌张力加强

　　B.缩短反应时间

　　C.扩大视野范围

5.搏击运动造成骨折靠什么修复

　　A.骨膜　　B.骨密质　　C.骨松质

6.缺氧对呼吸的刺激主要是通过

　　A.直接刺激中枢呼吸神经元

　　B.刺激中枢化学感受器

　　C.刺激颈动脉体感受器

7.决定肺部气体交换方向的主要因素是

　　A.气体溶解度　　　B.气体分压差　　C.肺泡膜的通透性

8.呼吸基本中枢位于

　　A.脊髓　　　　　B.脑桥　　　　　C.延髓

9.骨骼肌和腺体属于

　　A.传出神经　　　B.效应器　　　　C.感受器

10.双短兵器的外观主要继承了哪类兵器的特点

A.双鞭、双锏　　B.双剑、双刀　　C.双锤　双钩

四、简答题（满分10分）

（一）奥运会上有哪些同场对抗格斗类项目？（5分）

（二）这些项目与武术双短兵项目有哪些不同？（5分）

一、答案：

1.能量　2.肺通气量　3.位移　4.白肌纤维（快缩肌）　5.腕掌关节　6.桡腕关节　7.七　8.反应时　9.呼吸深度　10.前臂前面　11.拇长屈肌、指深屈肌　12.双鞭、双锏　13.周围视觉　14.近距离　15.破浪

二、答案：

1.×　正确答案：双短器械属于武术器械；2.×　正确答案：鞭既属于软兵器，又属于硬兵器；3.√；4.×　正确答案：双器械是武术器械的一类，泛指双手各持一器械进行操演的兵器；5.×　正确答案：武术双短兵项目重视武礼，敬武术抱拳鞠躬礼；6.√；7.×　正确答案：双短兵是双手分别持握相同短兵器械进行运动的项目；8.√；9.√；10.√；11.√；12.×　正确答案：双短兵可以攻中有防、防中有攻，还可以同时攻、防；13.√；14.×　正确答案：双短兵可以提升身体素质和心肺功能，是一项既能防身又能健身的武术运动；15.√；16.×　正确答案：武术双短兵更趋向大众化，适合各年龄段人习练；17.×　正确答案：双短兵比赛允许打头部的前半部分（两耳上缘连线以前的部分）；18.√；19.√；20.×　正确答案：双短兵属于武术的一种。

三、答案：

1.A　2.A　3.B　4.A　5.A　6.C　7.B　8.C　9.B　10.A

四、答案：

（一）拳击、跆拳道、柔道、空手道、击剑。

（二）

1.起源地不同：拳击、跆拳道、柔道、空手道、击剑起源于国外，武术双短兵起源于中国。

2.运动特点不同：拳击、跆拳道、柔道、空手道这几个项目属于徒手格斗类项目，而武术双短兵属于持械格斗类项目；击剑是单手持械对抗的项目，而武术双短兵是双手分别持握相同器械进行对抗的项目。

3.竞赛规则、裁判方法、技法、训练方法、服装、器材、比赛场地等都不同。

实操部分

（满分100分）

一、基本技术（55分）

1.短兵握法（4分）

2.三姿（3分）

3.三种步型（6分）

4.距离（4分）

5.四步法（8分）

6.六项技术（每项5分，满分30分）

（1）劈山

理解动作名称1分、动作标准1分、控制力1分、发力正确1分、目标准确1分。

（2）拂尘

理解动作名称1分、动作标准1分、控制力1分、发力正确1分、目标准确1分。

（3）叩问

理解动作名称1分、动作标准1分、控制力1分、发力正确1分、目标准确1分。

（4）破浪

理解动作名称1分、动作标准1分、控制力1分、发力正确1分、目标准确1分。

（5）探海

理解动作名称1分、动作标准1分、控制力1分、发力正确1分、目标准确1分。

（6）逐日

理解动作名称1分、动作标准1分、控制力1分、发力正确1分、目标准确1分。

二、单操（45分）

1.六级（15分）

成套动作完成情况3分，动作规范3分，精、气、神3分，动作协调3分，动作名称准确3分。

2.五级（15分）

成套动作完成情况3分，动作规范3分，精、气、神3分，动作协调3分，动作名称准确3分。

3.四级（15分）

成套动作完成情况3分，动作规范3分，精、气、神3分，动作协调3分，动作名称准确3分。

教、练法考试内容
（满分100分）
抽签任选一项

一、双短兵项目介绍（100分）

二、短兵握法、三姿、距离等技术的教、练法（100分）

三、三种步型、四步法的教、练法（100分）

四、六项技术的教、练法（100分）

五、六级单操教、练法（100分）

六、五级单操教、练法（100分）

七、四级单操教、练法（100分）